AF382032

FSC
www.fsc.org
MIXTE
Papier issu
de sources
responsables
Paper from
responsible sources
FSC® C105338

L'ALYAH ...

Le chemin de l'exil.

Le voyage d'une famille française vers Israël

L'antisémitisme ne détruira pas les juifs. Je pense que l'antisémitisme détruira les pays où il est présent.

Meyer Richard.

Ce roman, basé sur des faits réels, est l'histoire d'une famille française de confession juive, semblable à tant d'autres, dont l'identité et l'attachement à la France dépassaient les frontières du simple patriotisme.

L'amour inconditionnel de la terre de France était profondément enraciné en eux. Ils croyaient en la liberté, l'égalité et la fraternité, portant ces principes comme des étendards sacrés.

Cependant, un événement tragique allait bouleverser leur existence, les contraignant à prendre une décision déchirante : abandonner leur patrie pour une destination lointaine et incertaine, à la suite d'une agression antisémite.

Cet acte de violence, motivé par la haine et l'ignorance, a ébranlé tous ses principes et rompu leur confiance en la société qui les avait accueillis.

Dans un geste de courage et de détermination, ils ont décidé de tout quitter, laissant derrière eux les souvenirs douloureux et les cicatrices invisibles, pour chercher un nouveau départ et une nouvelle vie sur une terre imprégnée d'histoire et de symbolisme : Israël, la Terre Promise, où ils espéraient trouver sécurité et appartenance.

Ce récit singulier reflète une réalité complexe et troublante. Il soulève des questions sur l'identité, la tolérance et le sens de l'appartenance.

Il met en lumière les défis et les sacrifices auxquels les familles sont confrontées (antisémitisme et autres formes de discrimination).

Au fil des pages, nous suivrons le périple de cette famille courageuse, explorant les joies et les peines de leur transition vers une nouvelle vie en Israël. Un témoignage poignant de résilience et d'espoir, rappelant que même dans les moments les plus sombres, la lumière de l'humanité brille au travers du courage et de la solidarité.

Meyer RICHARD.

*

Alyah *

L'État d'Israël est la destination privilégiée des migrations juives internationales. Selon le Bureau central des statistiques, l'institut des études démographiques israélien, environ 2,4 millions de personnes se sont installées dans le pays entre 1950 et 1994.

Si l'Alya a été longtemps motivée par une quête spirituelle, religieuse ou philosophique, voire par une volonté de rejoindre un pays jeune et dynamique, la peur en est devenue l'un des principaux moteurs.

À partir de 2004, époque où de nombreux actes antisémites ont fait la une, la question de l'Alya chez les Juifs était omniprésente. Ces années-là étaient particulières face à la montée de l'antisémitisme.
Il n'y avait jamais eu autant de Juifs français prêts à s'exiler depuis 20 ans. L'importation du conflit israélo-palestinien sur le territoire français précipitait le départ des Juifs français.
On estimait alors de 15 à 30 000 le nombre des Français prêts à quitter le pays dans les 15 années suivantes. *
À partir de 2015-2016, les chiffres étaient éloquents : le nombre de Français de confession juive à faire l'Alya avait bondi avec de 5 à 7000 départs. Certains évoquaient un phénomène de masse.

(Alyah : terme hébreu signifiant "ascension" ou "montée" et faisant référence à l'émigration juive vers Israël.)

(Études INA).

Entre 2019 et fin 2022, environ 8 000 Juifs français auraient entamé un processus d'alyah, mais tous ne l'ont pas achevé.

En 2022, 2 000 personnes ont immigré en Israël depuis la France, contre 3 500 en 2021. Le nombre de nouveaux arrivants depuis l'Amérique du Nord est aussi tombé de 4 400 en 2021 à 3 500 en 2022. Cette baisse significative de l'alyah des Juifs d'Amérique du Nord et d'Europe occidentale était attendue, elle est principalement liée au coût de la vie et à la crise du logement en Israël.

2022 a néanmoins été une année record pour l'alyah depuis deux décennies, avec presque 75 000 personnes qui se sont installées dans le pays. Plus de 75% de ces nouveaux arrivants provenaient de Russie et presque 20 % d'Ukraine, soit cinq fois plus que l'année précédente, et ont bénéficié de la Loi du retour.

Selon les dernières données, environ 63 % des immigrants arrivés en 2015 et 66 % de ceux en 2016 ont toujours leur centre de vie en Israël. Depuis 2017, ce pourcentage oscille entre 61 % et 69 %.

Directement lié à la situation géopolitique actuelle, Israël s'attend à un afflux massif de Juifs venant de tous les continents.

Le ministère de l'Alyah et de l'Intégration estime qu'il existe encore un potentiel important pour l'alyah depuis la France.

(Données de l'Autorité de la population, de l'immigration et des frontières. The Times of Israël ; septembre 2023).

8

Chapitre - I

Avec un mensonge on va loin, mais sans espoir de retour.

Proverbe juif

Comme la mer est belle en ce milieu du mois de mars 2013. Aussi loin que mes yeux puissent voir, il n'y a pas l'ombre d'un nuage dans ce ciel si bleu.

Les rares nageurs intrépides qui s'amusent dans l'eau limpide, à peine à 16 degrés, me font frissonner, m'incitant à remonter le col de ma chemise, même avec les 21 degrés qu'affiche le tableau électronique de la cabane des maîtres-nageurs.

Assis sur la terrasse du café *l'Étoile de mer,* les pieds nus douillettement enfouis dans le sable fin de cette belle plage, mes pensées sont ailleurs.

Le soleil inonde cette plage déserte de sa lumière dorée, tandis que le " tac-tac " des balles sur les raquettes de deux joueurs halés et bodybuildés, me berce agréablement.

Apaisé par le doux murmure des vagues, les heures s'étirent sans contrainte ni obligation, m'offrant un espace pour me perdre dans la douceur de l'instant présent.

Mais très vite, la réalité reprend le dessus !

Depuis combien de temps sommes-nous en Israël ?

Déjà trois mois ! Trois mois et vingt jours pour être précis.

Le temps s'échappe à toute vitesse, cependant, je ne cesse de me poser cette même question lancinante qui persiste et ne me quitte pas, comme une mélodie obsédante et qui refuse de se taire.

Nous venions d'entamer notre retraite, emportant avec nous de nombreux projets passionnants. Notre emploi du temps comporterait des voyages de découverte, ponctués de moments simples avec nos petits-enfants.

Notre retraite s'annonçait prometteuse en termes de sensations et d'émotions, mais voilà que dans le doux écrin de nos espérances, un soudain désordre s'emmêla et nos projets, minutieusement élaborés, étaient menacés par les vents imprévisibles du destin.

Notre avenir, déployé avec soin, a été chamboulé par les caprices du destin, et nous nous trouvons à danser avec l'imprévu, dans un mélange troublant de réalités contraires.

Cette harmonie paisible, dans ce cadre idyllique, n'était pas inscrite à notre programme initial, et tout cela me questionne et provoque en moi une angoisse persistante que j'essaie de dissimuler.

Ai-je pris la bonne décision ?

Était-il réellement nécessaire de tout abandonner et de s'installer de manière permanente dans ce décor de vacances ?

Nos amis perçoivent notre retraite ensoleillée comme une opportunité fortunée, mais je m'interroge sur les sacrifices et les ajustements nécessaires pour maintenir cette illusion de vacances éternelles.

Si seulement ils savaient pourquoi...

L'idée de passer nos journées dans un lieu de villégiature baigné de soleil aux paysages pittoresques dans une atmosphère détendue ne peut que plaire. Seulement, derrière cette façade ensoleillée, je me demande si ce choix radical a réellement enrichi notre vie.

Les moments de bonheur sont incontestables, mais ils sont accompagnés d'une pointe de nostalgie pour ce que nous avons laissé derrière nous, impliquant l'abandon de notre vie quotidienne et la déchirante séparation d'avec nos proches. Être éloigné de notre famille serre nos âmes dans une angoisse silencieuse de l'impossibilité d'étreindre leurs corps, et je sais que mon épouse tiendra la douleur sous silence.

Je demeure perplexe, et le temps nous dira si cette décision était vraiment la meilleure !

Pour l'heure, mon esprit occupé à résoudre ce conflit m'empêche de me concentrer sur mes mots croisés, ma passion. Mes yeux, mis clos sont à la contemplation de ce ciel bleu et de cette mer qui se confondent à l'horizon. Un tableau parfait que l'on souhaiterait garder à jamais.

Le soleil caresse mon visage et je me laisse aller à une douce somnolence. Je m'apaise en pensant à cette chance de pouvoir vivre une existence paisible dans le pays de nos ancêtres et de réaliser ce désir profond enfoui en nous au fil des générations. Et puis, après tout, la fréquence des vols et la concurrence entre compagnies aériennes ont raccourci les distances.

Mais très vite, une autre réalité perturbe mes pensées, celle causée par une blessure dont je n'arrive toujours pas à cicatriser et qui est au cœur de cette décision implacable de partir.

Tout s'était joué quelques mois auparavant par une soirée pluvieuse dans les rues de Paris. Cette ville qui a toujours été le théâtre de ma vie, de celle de ma famille, de mes amis, de ma communauté, a été le témoin silencieux du choc vécu, de cette incompréhensible injustice qui mêlait mon âme avec l'histoire de mon peuple.

Ce jour-là, en quelques instants, je n'eus plus l'impression d'être quelqu'un. Moi, l'homme fort, à la répartie facile et cinglante, j'étais tétanisé, sans réaction, comme étranger à ce qui m'arrivait.

Un individu inconnu s'était soudainement arrêté devant moi. Ses yeux perçants et mauvais me fixaient, déclenchant en moi une peur panique.

Il m'avait identifié comme juif et, cela l'avait mis en transe !

Pourtant, rien ne laissait supposer que j'en sois un. Je ne portais aucun signe distinctif, et les deux sacs à provisions que je tenais faisaient de moi un père de famille tranquille rentrant chez lui.

L'inconnu s'était mis à hurler, ponctuant ses insultes de mots en arabe.

-    *Hé toi, l'iyoudi*, sale race de merde, vous n'avez plus votre place ici en France, allez-vous-en, cassez-vous dans votre pays de merde !*

La haine qu'il dégageait et cet aplomb de me menacer sans crainte et en pleine rue m'avaient terrifié. Les regards fuyants des passants qui gardaient un silence coupable m'ont fait autant de mal que les paroles de mon agresseur.

**(Iyoudi ; juif en arabe)*

La peur s'était emparée de moi, car rien ne m'avait laissé prévoir cette menaçante agression.

Et puis, comme un éclair, sa main gauche s'abattit sur mon visage, projetant violemment ma tête sur la grille métallique d'un magasin encore éclairé. Je n'ai pas ressenti la douleur, tétanisé par l'éclat de la lame de son couteau dirigé vers ma gorge, et qu'il avait jusque-là dissimulé.

Il hurlait, il vociférait.

- *Cassez-vous, cassez-vous tous en Israël ! On vous chassera d'ici, comme on vous a tous chassé du Bled.*

Puis il disparut tout aussi vite en me menaçant encore ;

- *Je sais où tu habites !*

Ce coup de tonnerre, empreint d'une hostilité antisémite flagrante, avait résonné tel un avertissement sinistre, présageant la crainte d'un futur pour les miens et pour moi-même. Ce rappel amer et brutal des temps passés m'avait surpris et abattu. J'étais peiné, assommé par ces paroles, sentant le poids du rejet sur mes épaules. Jamais je n'avais été insulté de la sorte, même dans mon pays natal pourtant musulman, la Tunisie, et je n'aurais jamais imaginé qu'un jour, on s'en prendrait à moi dans les rues de France.

Je me tenais là, prostré, figé comme vide de toute réaction, à l'exception d'une très jeune femme qui s'empressa gentiment de ramasser mes provisions éparses sur le trottoir.

- Monsieur, voulez-vous vous asseoir ? Je vais appeler la police, cet homme est un fou !

- N'en faites rien, Mademoiselle, je veux tout simplement rentrer chez moi. Merci, merci beaucoup.

Sur le chemin vers la maison, tout tremblant, je m'étais aperçu que des larmes incontrôlées coulaient le long de mon visage.

Était-ce de la rage pour ses propos abjects, était-ce de la lâcheté ou était-ce machinalement un instinct de survie ?

En m'essuyant, je vis que mon mouchoir était taché de sang, probablement dû à l'éraflure de mon cuir chevelu.

Subitement, je m'étais senti vieux et vulnérable. Le choc m'avait désorienté et m'avait fait prendre une route inverse.

Aurais-je dû laisser cette jeune fille appeler la police ?

Elle n'a probablement pas compris pourquoi je ne voulais pas poursuivre l'affaire. Je savais que cela n'aurait pas contribué à retrouver mon agresseur. La mécanique judiciaire n'a pas pris la mesure de la gravité des actes antisémites. Même face à certains faits considérés comme graves, des plaintes ont été classées sans suite ou simplement suivies d'un "rappel à l'ordre". Cette inaction ou cette apathie, qui aboutit souvent à l'impunité ou à des sanctions mineures, nous a fait perdre confiance en la justice.

Désormais, je suis contraint de rejoindre la cohorte de mes coreligionnaires qui ont été lâchement agressés ces derniers temps, tout simplement en raison de notre foi juive.

C'est hélas une réalité douloureuse et consternante qui persiste à nous prendre pour cible uniquement pour notre appartenance religieuse en dépit des avancées de la société.

Sur mon chemin, un banc public m'offrait une place. J'avais pris un instant de repos afin de retrouver mes esprits et, surtout éviter en rentrant d'effrayer ma fragile épouse.

Tout était confus, j'avais mal à la tête et mes mains tremblaient.

Ses cris d'insultes emplissaient encore ma tête. Dire que moins de dix minutes auparavant, j'étais dans un monde totalement étranger à ce que je venais de vivre.

Oui, je l'avoue, ce soir-là, j'avais eu très peur.

Comment, lui, l'éventuel étranger me demandait de quitter la terre de France, ce pays que mes parents, mes grands-parents et moi-même avions tous servi avec dévouement dans les rangs de l'armée.

Nous, aux racines profondément ancrées dans cette nation par l'engagement et la loyauté à la patrie depuis des générations. Une fois de plus, on voulait nous exiler, et cela venait de quelqu'un dont les ascendants nous avaient forcé à quitter l'Afrique du Nord.

- *"Mais où aller ailleurs ? C'est ici, chez moi !*
- *Et puis, ce pays des Juifs comme il l'appelle, n'est-ce pas ce pays dont les voisins n'ont comme seule aspiration que de rejeter ses habitants à la mer" ?*

Comme une ombre pesante que je refuse de projeter sur ceux que j'aime, je prends la décision de cacher au plus profond de moi mon agression. Mon épouse, fragile et bienveillante, et mes enfants ne méritent pas de porter le fardeau de mes tourments.

Je traîne quelques instants avant de regagner mon domicile. Mon épouse attentionnée m'attendait, ne comprenant pas mon retard. J'ai bredouillé quelques fausses explications avec un sourire forcé après qu'elle ait remarqué une tache de sang sur le col de ma chemise.

"Une branche d'un arbre m'a écorché au crâne, avais-je menti".

Dans l'obscurité de ma douleur, je dissimule cette cicatrice qui marque mon âme, car je crains que sa révélation brise l'équilibre fragile de nos vies. Ainsi, j'ai choisi le mutisme, espoir illusoire de préserver l'innocence qui règne dans le foyer que j'ai bâti.

Si ces insultes n'affectent aucunement mon droit de vivre dans le pays que j'aime, je ne peux m'empêcher de reconnaitre que cet évènement a produit un impact désastreux sur ma santé et sur mon équilibre mental. Les images de mon agression tourbillonnent sans relâche comme des fantômes dans mes pensées. Tant de nuits sans sommeil. Chaque insomnie devient le théâtre d'une reconstitution cruelle, où chaque détail éclairé se mêle à l'amertume de l'impuissance ressentie.

À mesure que le poids de l'angoisse semble transformer mon esprit, la peur qui s'est installée inconfortablement en moi suscite l'idée insidieuse de partir, de fuir.

Partir, oui, il me fallait peut-être partir...

Quitter le pays devenait la lueur fragile d'une échappatoire dans l'océan de mes pensées tourmentées. L'idée prenait forme lentement, comme une graine qui germe dans un sol de désespoir. Partir devenait la seule issue pour préserver égoïstement mon équilibre.

Ce besoin impératif s'insinuait telle une mélodie triste dans le silence de mes réflexions, cette rupture que je devais dissimuler à ceux qui m'étaient chers.

Les jours qui ont suivi ont été particulièrement éprouvants. Après la perte de sommeil, la nourriture perdit tout attrait. Mon être était plongé dans une obscurité où l'appétit de la vie s'étiolait. Chaque nuit devenait une épreuve, chaque repas un défi que mon esprit me refusait d'affronter.

Cette fixation, en apparence irrationnelle, développait ses racines profondément enfoncées dans le terreau de la peur et de l'incertitude. Elle s'était infiltrée dans les coins vulnérables de ma pensée comme une vigne envahissante, trouvant d'autres points d'ancrage dans la situation que notre communauté traversait depuis déjà un certain temps.

Sournoisement, le poids de l'histoire s'abattait de nouveau sur nos épaules. Je ressentais désormais l'épreuve que vivaient de nombreux membres de ma communauté, éloignés de ce que certains qualifient, de manière pudique et trompeuse, de "sentiment d'insécurité".

Ma cicatrice personnelle semblait résonner en écho avec les blessures collectives de notre communauté et se fondait dans un tableau plus large, tissé par l'ombre des récents attentats qui ont laissé en nous une empreinte douloureuse et indélébile. De nombreux événements ces derniers temps ont ravivé des souvenirs malveillants et ont réveillé nos craintes ancestrales, conduisant à des réalités impensables.

Dans la France de l'après-guerre, on a de nouveau tué des juifs, "parce que juifs".

- *"Que s'est-il passé pour que le monde en arrive là ?*

- *Pourquoi en sommes-nous arrivés à cette situation dans laquelle la violence devient une réponse banalisée ?*

Les larmes, les deuils, les moments commémoratifs se multiplient, mais la douleur, elle, ne s'apaise jamais.
C'est inacceptable de voir l'humanité se déchirer ainsi.
Nous nous regardons dans le miroir, cherchant des réponses, mais n'y trouvons que des visages fatigués, épuisés par le chagrin et l'impuissance, et nous nous demandons comment inverser cette spirale infernale et reconstruire un monde dans lequel nos enfants pourront grandir sans crainte.

Depuis quelques années, nous assistions impuissants à toutes sortes d'attentats à travers le monde. Toutes ces vies innocentes fauchées par la violence aveugle. Ces familles brisées, ces rêves annihilés en un instant par des explosions de haine.

À chaque fois, nous pensions que ce serait le dernier, mais d'autres actes encore plus terribles balayaient les précédents, et chaque nouvelle tragédie ravive la douleur des précédentes, empilant la souffrance comme des pierres sur nos cœurs déjà lourds.

Les visages anonymes de ceux que j'avais vu souffrir dans les reportages sont devenus les miens. La douleur, la peur, la vulnérabilité, tout ce que je pensais ne jamais ressentir, m'ont envahi.

Vivant au sein de notre communauté, j'étais, comme tant d'autres, au fait de ce que nous traversons, et comme toujours, on pense que cela n'arrive qu'aux autres.

Mon agression m'a réveillé. Elle m'a montré que personne n'est à l'abri, que le mal peut frapper n'importe où, n'importe quand, et que l'illusion de la sécurité n'est qu'une barrière fragile face à la réalité. J'ai compris que chaque personne touchée par la violence n'est pas un simple fait divers, mais une vie, une existence bouleversée, une souffrance, tout comme la mienne l'a été ce soir-là.

Pendant longtemps, j'ai tenté de garder mes émotions à distance, persuadé que cette muraille fragile de protection pourrait me préserver des horreurs qui défilaient devant mes yeux. Je me suis accroché à l'espoir que les choses s'amélioreraient, que la lumière finirait par triompher. Mais aujourd'hui, cette illusion s'est dissipée, emportée par la force brutale de la réalité.

Je souffre en silence de tout cela, et je sens en moi la colère et le feu ardent qui consume mes entrailles.

"C'est insupportable" !

*

L'éternel retour de la haine.

Les événements, qui ne remontent pas à si longtemps, refont surface dans ma mémoire, comme ce terrible massacre qui a décimé l'illusion de l'invulnérabilité des Jeux Olympiques, plongeant le monde dans l'horreur et la consternation.

La tragédie de Munich en 1972 a contraint le monde à reconnaître que même au cœur des célébrations sportives, l'ombre de la terreur pouvait obscurcir l'éclat des exploits humains...

Onze athlètes israéliens ont été tués !

Des vies dévouées au sport, à la compétition loyale et à l'éclat de la médaille ont été brutalement fauchées.

Quelques mois après, Paris subissait une attaque aveugle à la grenade au Drugstore de Saint-Germain.

En 1975, l'aéroport d'Orly fut, à six jours d'intervalle, l'objet de deux attaques à la roquette ; la première dans un terminal et la seconde sur un avion de la compagnie El Al.

Puis ce fut en 1980 l'attentat de la rue de Copernic, face à la synagogue libérale, qui causa la mort de quatre personnes et fit quarante-six blessés.

Au-delà de cette tragédie, on relèvera la bourde historique du Premier ministre Raymond Barre au journal télévisé de TF1 : *"Cet attentat odieux qui voulait frapper les Israélites qui se rendaient à la synagogue a frappé des Français innocents qui traversaient la rue Copernic"* (SIC).

Pour le Premier Ministre, les Français de confession juive ne sont pas des citoyens français à part entière.

Toujours au nom de la même cause, survint en 1982 l'attentat de la rue des Rosiers, dans le quartier juif historique du Vieux Paris.

Ainsi, cette rue qui fut le témoin de tant d'histoires du passé a été le théâtre d'une tragédie qui ne sera jamais oubliée.

Ce mythique restaurant de Joe Goldenberg, autrefois lieu de rencontres chaleureuses, a été transformé en chaos et en détresse par le jet d'une grenade. Six vies innocentes ont été perdues et vingt-deux personnes blessées à tout jamais. Il a fallu attendre quarante-huit années pour que la Norvège accepte enfin l'extradition vers la France d'un de leurs ressortissants d'origine palestinienne impliqué dans ce massacre.

Puis, une sinistre terreur s'installa dans le pays, ciblant avec une précision macabre les citoyens de confession juive par deux épouvantables affaires.

Celle de Youssouf F, chef du gang des barbares, et celle de Mohamed M, que je m'abstiendrai de nommer complétement.

Un petit acte de résistance littéraire, pour éviter de leur offrir la moindre immortalité, dicté par le respect profond à leurs victimes sacrifiées sur l'autel de la barbarie.

Ma plume devient l'outil d'une mémoire soucieuse de célébrer la dignité des victimes, plutôt que de perpétuer la gloire infâme de leurs assassins. Une rébellion contre l'oubli sélectif.

En janvier 2006, L'affaire Ilan Halimi, ce jeune homme vendeur en téléphonie, évoque un cauchemar aux teintes cruelles et aux relents antisémites les plus archaïques.

Enlèvement, séquestration, torture allant jusqu'à sa mort, puis l'abandon de son corps le long d'une voie ferrée, jeté comme l'on ne le ferait même pas pour un animal.

Son calvaire symbolisait une haine irrationnelle mise en pratique avec une précision diabolique contre une communauté innocente, mais supposée très riche, pouvant payer la rançon exigée.

En mars 2012, le terroriste islamiste Mohamed M, petit délinquant de droit commun originaire de Toulouse, condamné à de la prison ferme, identifié au départ comme un obscur "loup solitaire". La suite de l'enquête montrera que sa formation à la cause de l'islamisme radical, par ses séjours en Afghanistan et au Pakistan, n'était pas si solitaire que cela.
Classé par la DCRI comme activiste islamiste potentiellement dangereux.

Circulant sur un scooter, il commet le 11 mars 2012, à Toulouse, son premier assassinat ; un soldat du 1er Régiment du train parachutiste de Francazal, le maréchal des logis-chef Imad Ibn Ziaten. Quatre jours plus tard, en suivant le même mode opératoire devant le Régiment du génie parachutiste à Montauban, il ouvre délibérément le feu sur trois militaires français d'origine maghrébine. Deux d'entre eux perdent la vie sur-le-champ, : le caporal Abel Chennouf et le soldat Mohamed Farah Chamse-Dine Legouad, tandis que le troisième, Loïc Liber, subit des blessures graves. M, prétendant les punir de leur trahison à la cause arabe.

Le 19 mars, il poursuit sa chevauchée en scooter, casqué, et pénètre dans l'établissement scolaire de confession juive Ozar Hatorah, à Toulouse, et avec froideur, il exécute, à bout portant, des enfants ; Myriam Monsonégo âgée de huit ans, Arié, Gabriel et leur père Jonathan Sandler, âgés respectivement de huit, cinq et trente ans.

Ces deux terribles actes ne cicatriseront jamais.

Ils laisseront des plaies béantes et profondes dans l'âme collective, et résonneront pour toujours comme des échos sinistres dans les annales de l'horreur, du dégoût, de la tristesse et de l'indignation.

Interrogé par une journaliste alors qu'il était assiégé dans la nuit du 21 mars 2012 par le RAID, il avait déclaré avoir commis ces assassinats pour se venger de la loi interdisant le port du voile islamique, ainsi que de la participation de la France à la guerre en Afghanistan.

Refusant de se rendre, il est abattu le 22 mars par le RAID après trente-six heures de siège.

Au cœur de ces horreurs, une question douloureuse demeure en suspens :

- *Pourquoi la société ne s'est-elle pas levée en masse, unie dans un cri collectif de révolte et de condamnation d'actes aussi abominables ?*

- *Pourquoi les voix ne se sont-elles pas élevées en solidarité ?*

Cette apathie restera pour longtemps une incompréhension pour la communauté juive française, et bien au-delà de nos frontières, elle qui avait tant besoin de compassion. Pourtant, ces actes monstrueux visaient avant tout notre société et tout ce qu'elle représente. Les valeurs démocratiques, les principes de tolérance et de nos libertés individuelles. Mais l'esprit humain est parfois noyé dans l'incompréhension, voire la lâcheté et l'incapacité à saisir l'ampleur d'une tragédie.

Certaines paroles résonnent comme des avertissements solennels, nous rappelant les conséquences désastreuses de la complaisance et de la lâcheté face à l'injustice.

Parmi ces éclats de vérité, la citation poignante du pasteur Martin Niemöller, *"Quand ils sont venus chercher..."** demeure une admonestation saisissante, nous rappelant les heures sombres où la conscience collective s'est tue, laissant libre cours à la montée inexorable du totalitarisme.

Ces mots, empreints d'une gravité indélébile, résonnent comme un écho à travers les âges, nous invitant à méditer sur le triste chapitre de l'histoire où la peur et la complaisance ont conduit à la tragédie.

Au cœur de cette phrase, se trouve le récit déchirant de la passivité des intellectuels, des politiques, de la société alors même que des vagues de purges s'abattaient, impitoyables, sur les ennemis désignés.

L'histoire nous enseigne que lorsque la voix de la conscience est étouffée par la peur ou par l'indifférence, les fondations de la société vacillent. Ainsi, en méditant sur ces mots, nous sommes appelés à nous interroger sur notre propre responsabilité dans la préservation des valeurs fondamentales de la dignité humaine et de la justice, rappelant que le silence complice peut être aussi destructeur que le cri de l'oppression.

Quand ils sont venus chercher :

"Ils sont d'abord venus chercher les socialistes, et je n'ai rien dit,
Parce que je n'étais pas socialiste.
Puis, ils sont venus chercher les syndicalistes, et je n'ai rien dit,
Parce que je n'étais pas syndicaliste.
Puis, ils sont venus chercher les juifs, et je n'ai rien dit,
Parce que je n'étais pas juif.
Puis, ils sont venus me chercher, et il ne restait plus personne pour me défendre"

*

Pourtant, dans ce silence assourdissant, où les mots se perdaient et disparaissaient, deux âmes nobles réunies par les mêmes douleurs ont émergé, portant sur leurs épaules le fardeau de l'inexprimé. Provenant d'horizons religieux distincts, émissaires de la souffrance, ils ont choisi la voie de la parole, non pas pour alimenter les flammes de la haine, mais pour révéler la profondeur de leur douleur commune.

La première que l'on se doive de nommer et d'honorer est une musulmane pratiquante ; madame Latifa Ibn Ziaten, une figure admirable que l'on peut légitimement qualifier de "Mère Courage". Elle a pris position, bravant sa propre communauté, pour exprimer son indignation face à ceux qui, au nom d'une interprétation erronée de la religion, injectent un poison dans la conscience collective.

Son message était relayé par bon nombre de médias, mais cela ne lui suffisait pas. Voyageuse intrépide, portant son fardeau de détermination et d'espoir, elle alla de banlieue en banlieue, de cité en cité, dénoncer la haine, cette sève empoisonnée au cœur des quartiers. Certains jeunes, avides de compréhension, se regroupaient autour d'elle, captivés par son savoir religieux et par son récit personnel. Ils l'écoutaient, un peu par respect et pour le courage qu'elle avait de venir les affronter sur leur terrain.
Cependant, il y avait aussi ceux aux idées déjà gangrenées, enfermés dans leurs préjugés, ne voyant en elle qu'une étrangère importune. Leur réaction, hostile, prenait la forme de sarcasmes venimeux glorifiant la haine contre tous les infidèles. Elle savait que son chemin serait semé d'embûches, que la transformation nécessiterait du temps, que la tolérance était une graine, longue à germer.
Même face à l'opposition, *"Mère courage"*, demeure une figure inaltérable, une ambassadrice infatigable de la paix.

Et puis, il y a Monsieur Samuel Sandler, père et grand-père des trois âmes innocentes emportées par l'implacable cruauté de cet attentat ; Doté d'une immense culture biblique, son statut largement reconnu dans le milieu orthodoxe lui confère un respect mérité. Son visage, profondément marqué par la douleur, exprime une sagesse qui s'accompagne d'une voix chaleureuse qui capte les esprits.

Animé par une résilience inébranlable et une humanité profonde, il arpente inlassablement, tel un poète du cœur, les corridors de l'Éducation nationale, illuminant les jeunes générations de sa lumière et de son expérience.

Sa voix grave et ses paroles, lourdes sous le poids de la perte, sont un chant de résistance, car il sait que l'avenir doit être façonné par l'amour et la tolérance, même au milieu de l'obscurantisme. Il se dresse comme une vigie contre la haine, donnant son propre chagrin comme une offrande pour un appel à construire des ponts plutôt que des barricades. Ses discours d'amour ont forcé le respect de bon nombre de citoyens et d'élites du monde entier, jusqu'au Président de la République.

L'accumulation de ces événements tragiques a parfois conduit notre communauté, malgré sa profonde affection pour la France, à envisager une migration de manière impulsive, optant parfois pour une "Alyah" qui représente l'idéal d'un retour à la terre promise.

Nous répétons dans nos prières et particulièrement à Pessah*, *"L'année prochaine à Jérusalem"*, l'espoir de retrouver, après trois mille ans d'exode, la terre promise dont nous en fûmes chassés.

Pour autant, si l'Histoire nous a ballotés de pays en pays, de continent en continent, solitaires et condamnés à être des vagabonds sans patrie, devons-nous encore être ce peuple à qui on dicte son avenir ?

Avec le temps, nos visages ont revêtu les masques de l'étranger, et nos identités ont maintes fois été contraintes et dissoutes. Nous avons traversé des contrées lointaines, appris différentes langues, nous nous sommes adaptés, respectant les us et coutumes locales afin de survivre en quête d'un havre dans lequel nos racines pourraient s'ancrer.

Nous fûmes les témoins silencieux des convulsions du monde, ballotés, persécutés, "pogromés", et notre destin, fréquemment soumis aux caprices des régimes et des religions, a été victime des politiques les plus absurdes.

L'explication de tous les maux.

"Les boucs émissaires".

Les siècles d'errance nous ont appris la résilience, la persévérance et la force de notre identité qui survit à travers les tempêtes de l'Histoire.

Pendant des décennies, le citoyen de confession juive a traversé une histoire poignante, marquée par l'humiliation, la spoliation, les meurtres et le génocide. Longtemps relégué dans l'ombre de la reconnaissance, le Juif a été contraint de porter le fardeau d'une identité sans terre ni patrie.

Les pages du passé sont tachées du douloureux récit de ces vies, d'émotions complexes. Pourtant, l'esprit résilient du peuple Juif a persisté, portant la lumière de l'espoir même dans les moments les plus sombres.

(Pessah, Pâque juive, relatant l'exode des juifs, esclaves au pays d'Égypte durant quatre cent trente ans).

Moi, je ne veux pas être comme une feuille portée par le vent, je refuse le statut d'exilé, d'errant que l'on m'impose, je veux être celui qui choisit sa destinée, qui cultive ses racines en embrassant l'universalité. Je suis porteur d'une culture riche et d'une Histoire profonde. J'ai ma place dans ce monde !

Mes pieds ont enfin trouvé un sol stable où s'enraciner. Mes mains ont forgé un foyer harmonieux et l'avenir me semblait serein. Mon errance ancestrale a pris fin, fermant mon propre chapitre dans le grand livre de l'Histoire, et je me tiens ici, comme un homme enfin libéré de ses chaînes.

Du moins, le pensais-je...

Cependant, l'ambiance à l'encontre de notre communauté est préoccupante et nous amène à nous questionner sur notre avenir dans ce pays. Les gouvernements successifs et la Société civile ignorent nos appels de détresse et de peur. Pourtant, les signes d'intolérance sont largement visibles.

Pas un jour sans que l'on entende qu'une agression a été commise en raison d'une simple kippa ou d'une étoile de David !

Les murs des écoles et des synagogues sont fréquemment recouverts de messages haineux, poussant les juifs à quitter la France. Chaque manifestation, quelle que soit sa thématique, est entachée par des appels au boycott de tout ce qui touche Israël.

Les écoles et les lycées, notamment ceux situés en périphérie des grandes villes et à forte population issue de l'immigration, sont transformés en bunkers et ne sont plus les sanctuaires d'autrefois. Ce manque évident d'engagement des autorités publiques, ainsi que des proviseurs et directeurs d'établissements scolaires, a permis l'aggravation des problèmes au sein des écoles, et dû à un petit nombre d'élèves, au pouvoir perturbateur.

Ils remettent en question l'histoire et la science, refusent de participer à certains cours et accordent une importance prépondérante à la religion au détriment de la laïcité. Ils transforment, par attaques successives, l'école républicaine de Jules Ferry en un espace religieux et politique.

Les enseignants, dépourvus de formation et de soutien, se retrouvent impuissants face à des parents d'élèves parfois menaçants et abandonnent progressivement le terrain républicain, incapables de faire face à cette montée en puissance rapide.

Nos enfants doivent en permanence faire face à une situation de plus en plus problématique. Minoritaires, ils se sentent en danger dans les rues et dans les transports, et l'école n'est plus pour eux l'endroit du savoir, mais celui d'un affrontement qui les dépasse. Nos conseils à rester discrets ne changent rien. Ils se sentent seuls et vulnérables face à cette montée de violence. L'angoisse et la peur deviennent notre quotidien.

Devant cette réalité, certains se trouvent contraints d'accepter cette situation avec résignation et appréhension, espérant une amélioration future.

D'autres, ayant les moyens, choisissent de se retirer vers des villes ou des quartiers encore préservés, voire, en ultime recours, vers le seul endroit qui, même en période de conflit, leur semble plus sécurisé que les rues de France.

Nous sommes, depuis toujours, confrontés à un antisémitisme endémique dit "de droite", et nous n'ignorons pas qu'il survit encore, bien enfoui sous les braises puantes, trouvant de çà et là un écho chez quelques puristes nostalgiques. Nous le combattons, appuyés par des lois qualifiant de délit tout article ou propos négationniste comme la loi Gayssot du 13 juillet 1990, première des lois mémorielles françaises.

Cependant l'antisémitisme n'est pas exclusivement associé à l'extrême droite. Le 19ᵉ siècle a été moment particulièrement fort en exemples au sein de la vieille gauche française, transférant son anticléricalisme en une hostilité envers les Juifs, les conduisant à des alliances improbables entre des courants politiques normalement opposés.

Ma mémoire d'étudiant s'ouvre comme un vieux grimoire parmi lequel la période passée sur les bancs de la fac de Nanterre, qui fut pour moi un des lieux de la connaissance et du savoir, celui qui a façonné ma jeunesse d'étudiant légèrement gauchiste à étudier ce pan de l'histoire de France dont, naïvement, je croyais révolu.

Si Certaines voix courageuses, éclairées de justice sociale et d'égalité ont combattu l'antisémitisme au sein même de leur mouvement, d'autres ont malheureusement succombé à des préjugés et à des idées discriminatoires.

D'importantes figures socialistes ont manifesté des attitudes profondément antisémites, utilisant tous les vieux stéréotypes dégradants, les dépeignant comme des profiteurs, des usuriers ou des conspirateurs soutenant des politiques discriminatoires à leur encontre.

Alphonse Toussenel, un écrivain et journaliste socialiste, publia en 1845 *Les Juifs, rois de l'époque : histoire de la féodalité financière*. Ce texte, qui présente les Juifs comme des figures dominantes et oppressives du capitalisme financier,

Proudhon, économiste, théoricien révolutionnaire, penseur du socialisme libertaire du 19ᵉ siècle, issu du milieu populaire dit. *« Le juif est l'ennemi du genre humain. Il faut renvoyer cette race en Asie ou l'exterminer... »* phrase apocalyptique que l'on découvrira plus tard dans la bouche d'Adolf Hitler.

Édouard Drumont fonde en 1883 le quotidien La Croix des Pères assomptionnistes qui se prévaudra d'être le journal « le plus antijuif de France ». En 1886, publication et immense succès de La France juive.
En 1889, naissance de la Ligue nationale antisémite de France, puis, en 1892, lancement du quotidien antisémite La Libre Parole.

Albert Regnard, scientifique rayé de l'Ordre des Médecins, ami de Georges Clemenceau, fonde et collabore à La Libre Pensée. Secrétaire Général de la préfecture de police de Paris, par sa participation à la commune, il se réfugie à Londres lors de la répression politique, puis se rallie à Gambetta.
Comme nombre de socialistes communards, il est à la fois anticlérical et violemment antisémite. En 1887, il publie dans la revue Socialiste son texte sur les Aryens et les Sémites.

Philippe Pétain, Pierre Laval, François Darlan, la liste serait longue à énumérer de ces politiciens qui, jadis, pour certains, furent socialistes à franchir le cap idéologique antijuif.

Cependant, l'histoire nous rappelle que même les esprits les plus éclairés peuvent être aveuglés par les préjugés de leur époque, et nous montre la capacité de certains à évoluer, et à œuvrer pour un monde meilleur, plus juste et plus inclusif.
Ainsi Gustave Rouanet, parlementaire socialiste (1885,1895), face à l'émergence de l'antisémitisme français, déclare : « *il est évident que l'influence grandissante des juifs a des effets désastreux, et qu'elle aggrave l'accaparement économique. Que le capitaliste juif pratique l'omnipotence sociale en conquérant, dénué de toute pitié pour le vaincu, car il apporte dans ses relations avec ce dernier, l'esprit d'hostilité et de revanche haineuse de sa race, enfin victorieuse après des siècles de lutte.* » (Sic)

Puis, quatorze mois plus tard, il redéfinira sa pensée en déclarant : « *Le socialisme poursuit l'égalité des races et la suppression des inégalités économiques : l'antisémitisme repousse l'un et l'autre de ces désidératas. Nous ne saurions donc le considérer à aucun titre comme un élément de solution du problème social.* »

Il est difficile d'imaginer que ces deux déclarations aussi opposées proviennent du même auteur. La manifestation d'une telle contradiction illustre assez bien toute la complexité des rapports entretenus par la gauche française et plus particulièrement par les socialistes.

Rouanet n'est pas un cas unique : nombre de penseurs du mouvement socialiste, plus ou moins antisémites, teintèrent leur antijudaïsme vaincu avec les Dreyfusards.

Ainsi, Jean Jaurès, figure emblématique du socialisme français, a marqué l'Histoire par son engagement en faveur de la justice. Cependant, avant de se rallier courageusement à Émile Zola dans l'affaire Dreyfus, Jaurès a tenu des propos controversés, mettant en cause la "race juive", des paroles qui témoignent d'une époque marquée par des préjugés profondément enracinés.

La présence des juifs en France remonte au le 1er siècle de notre ère. Implantée et totalement intégrée, elle a toujours été respectueuse de la République et de ses lois.

Depuis l'époque de la Révolution française, chaque Shabbat, dans l'enceinte sacrée des synagogues de France, au cœur de ces lieux de recueillement, s'élève une fervente prière* pour la République française et ses chers habitants.

À travers cette prière, résonne l'engagement indéfectible envers les valeurs républicaines. C'est un hommage vibrant à la Patrie, à ses idéaux de liberté, d'égalité et de fraternité.

Ainsi, chaque Shabbat, dans l'union des prières, se renouvelle l'attachement profond de la communauté juive à la France, terre d'accueil et de liberté, où brille la lumière de l'espoir.

**Prière pour la République Française*

" Éternel, Maître du monde, Ta providence embrasse les cieux et la terre,
La force et la puissance t'appartiennent ; par Toi seul, tout s'élève et s'affermit
De ta demeure sainte, ô Seigneur, bénis et protège la République Française et le peuple Français.
Regarde avec bienveillance depuis Ta demeure sainte notre pays, la République Française et le peuple Français.
Que la France vive heureuse et prospère. Qu'elle soit forte et grande par l'union et la concorde.
Que les rayons de Ta lumière éclairent ceux qui président aux destinées de l'État et font régner l'ordre et la justice.
Que la France jouisse d'une paix durable et conserve son rang glorieux au milieu des nations.
Que la France reste fidèle à sa noble tradition et défende toujours le droit et la liberté.
Accueille favorablement nos vœux et que les paroles de nos lèvres et les sentiments de notre cœur trouvent grâce devant Toi, ô Seigneur, notre créateur et notre libérateur.
Que l'Éternel accorde sa protection et sa bénédiction pour nos soldats qui s'engagent partout dans le monde pour défendre le France et ses valeurs. Les forces morales, le courage et la ténacité qui les animent sont notre honneur.

Amen"

Aimant la France et les valeurs qu'elle représente, les juifs de France reprenaient confiance dans ce pays qui les avait pour certains maltraités, et pour d'autres, sauvés au péril de leur vie, les extirpant des griffes de la Gestapo et de la police vichyste pendant l'occupation allemande. Cette République qui a créé l'affaire Dreyfus, et celle qui a attribué de hauts pouvoirs à des juifs, tels que Léon Blum et à Mendès-France.

La construction d'une Europe unie et fraternelle devait balayer les derniers vestiges du fascisme, mais le mal renaît toujours de ses cendres et prend souvent une forme inattendue.

Sauf que !

L'alliance incongrue entre l'extrême gauche marxiste-léniniste, déconnectée de la classe ouvrière et l'islam radical, a engendré ce que l'on appelle l'islamo-gauchisme. Terme discutable, mais reflétant une réalité ;

Ce réveil a été brutal et nous a réellement surpris !

Aujourd'hui et de nouveau, notre avenir dans ce beau pays des lumières et de la patrie des droits de l'homme s'est soudainement assombri, car une certaine communauté nous dénie le droit inaliénable à l'existence.

Pourtant, c'est en France, après les États-Unis, que la communauté juive élargie est la plus présente. Dans les années 1980, elle était estimée à environ sept cent mille personnes, dont un tiers, pour la plupart Français, venait d'Afrique du Nord.

C'était notre cas.

Nos grands-parents avaient accepté ce choix offert par Napoléon en 1870 aux 35.000 juifs dits "indigènes", de la citoyenneté française, à condition que la pratique religieuse reste dans la sphère intime.

Nous y avions consenti.

Mais ce droit d'être Français, les Juifs d'Algérie l'avaient chèrement payé. Une fois de plus, la crise économique de la fin du 19e siècle, déclenchée par une grave sécheresse, servira de prétexte à une flambée d'antisémitisme. Ce ne fut hélas pas la seule. D'affreux pogroms avaient eu lieu, notamment dans la région de Constantine. Dans les rues d'Algérie, les nationalistes pourchassaient les juifs, *"comme on chasse le lapin". (Sic)*

En 1959, l'Algérie comptait environ 150.000 juifs ; à la fin de l'indépendance, on se pose la question du nombre restant ?

En Tunisie, les tensions n'avaient jamais atteint ce degré de violence. En 1959, le pays comptait entre 65.000 et 70.000 juifs. Aujourd'hui, il ne reste plus rien de cette belle communauté.

Quant au Maroc, dont la population s'élevait à 170.000 âmes, 90.000 personnes avaient quitté le royaume Chérifien, principalement à destination d'Israël, avant le blocage de l'émigration en 1959 par décision de la Ligue arabe à laquelle le Maroc venait d'adhérer. Une majorité d'entre eux avait fait le choix de rester.

Il y a des récits qui traversent le temps, portant avec eux les échos d'une souffrance indicible. Ces récits, ce sont ceux que mes grands-parents m'ont transmis. Ils me racontaient comment, sous le joug des autorités musulmanes, leur liberté était entravée, leur destinée confinée dans un espace assigné, où chaque pas était scruté, entravé par des décrets oppressants. À cela, s'ajoutait une taxe ; La *"dhimma"*, un fardeau financier qui pesait lourdement sur leurs épaules déjà courbées par le poids de la discrimination. Chaque non-musulman se voyait contraint de la verser afin d'obtenir le simple privilège d'être considéré comme un protégé, un *"dhimmis"*. Bien plus qu'une somme, c'était un rappel constant de leur statut inférieur dans une société qui les regardait avec mépris.

Ces récits sont gravés dans nos mémoires. Ils nous enseignent la résilience et la lutte pour la justice, même si les temps ont changé et qu'ils appartiennent au passé.

C'est dans cet esprit que les séfarades* ainsi que les pieds-noirs ont intégré la France et pour la plupart Paris et sa banlieue, ainsi que les grandes métropoles.

L'intégration de cette population, estimée à plus de 250 000 personnes, devenait une préoccupation majeure.

Les gouvernements successifs mettaient en œuvre de manière frénétique des programmes de construction de logements sociaux dans de nombreuses villes, sans se soucier qu'ils préparaient, à bas bruit, les ghettos de demain, qui deviendraient ce que l'historien Georges Marc Bensoussan a qualifié de "territoires perdus de la république" !

Dans leurs cités, les juifs ont réussi à réinstaurer ce qui avait disparu, ce qu'ils avaient perdu. Ils donnaient vie à ces nouveaux espaces en créant lieux de cultes, lieux de vie et de commerces, évoquant leur passé et leurs origines, cohabitant avec d'autres communautés sans trop de difficultés.

En ce temps-là, personne n'aurait imaginé l'émergence d'un nouveau type de racisme.

C'est vers les années 1970 que les premières fissures sont apparues au sein des populations du Maghreb et d'Afrique subsaharienne, dont les contentieux liés au colonialisme français n'étaient toujours pas résolus.

Les relations se sont détériorées et sont devenues de plus en plus complexes entre tous les habitants, principalement ceux d'origine française dite "de souche".

(Séfarades : juifs d'Afrique du Nord ayant fui l'Espagne et le Portugal au temps de l'inquisition, par ordre d'Isabelle de Castille, dit Isabelle la catholique).

Ce climat propice à la révolte et à la contestation contre l'État a commencé à susciter l'intérêt de certains partis politiques en déclin, qui entrevoyaient leur avenir à travers ces tensions.

Puis vint cette deuxième génération d'enfants d'immigrés. Française par le droit du sol, elle devait théoriquement apporter richesse et croissance au pays. Elle s'est malheureusement transformée pour quelques-uns en un bouillon de culture haineuse.

Le nauséeux ressentiment contre la France gommait tous les efforts d'intégration et ouvrait la voie à certains partis politiques.

La première émeute de banlieue s'était produite en 1979 et en 1980, dans la cité de la Grappinière, quartier situé au nord de Vaulx-en-Velin, proche de l'agglomération lyonnaise, amenant le maire Charles Hernu à raser ce qu'il appela "ce vivier à délinquance ".

En 1980, un gardien d'immeuble dans le Val-de-Marne tue le jeune Abdelkader L., âgé de 15 ans. S'ensuit une importante mobilisation et la création d'un collectif pour la défense des jeunes issus de l'immigration.

Dans la même année, le maire de Vitry-sur-Seine, membre du parti communiste et soutien de Georges Marchais, premier secrétaire du parti et hostile à toute forme d'immigration, ordonne la démolition au bulldozer d'un escalier d'un foyer malien.

En juillet 1981, de nouvelles émeutes, plus violentes encore, éclatent à Vénissieux, à Villeurbanne et de nouveau à Vaulx-en-Velin.

Elles dureront trois mois.

Dès lors, les cités sont reconnues comme des poudrières, et le gouvernement ne sait vraiment plus comment endiguer ce phénomène.

En 1983, le meurtre d'un enfant oblige le Président François Mitterrand à visiter la Cité des 4000, à la Courneuve, banlieue ghettoïsée de la Seine-Saint-Denis. Le Président avait flairé le moyen de reprendre les choses en main par un biais associatif et apolitique, en créant un mouvement composé de jeunes inconnus. Julien Dray avait été choisi et Harlem Désir en serait le porte-parole :

SOS Racisme venait de naître.

Le 15 juin 1985, un immense concert multiracial intitulé "Concert des Potes" a été organisé sur la place de la Concorde, avec le soutien de fonds publics et privés, dont TF1. Cet événement rassemblait des intellectuels tels que BHL, Marek Halter et Michel Polac, ainsi que des personnalités du monde des arts comme Simone Signoret, Bedos, Coluche, Boujenah et bien d'autres.

Si l'idée avait du sens, car la France avait besoin d'un souffle fédérateur de toutes les communautés, le mouvement a, au fil du temps, échappé à ses créateurs.

On notera que certains artistes, politiciens et intellectuels d'origine juive reconnurent ultérieurement leurs erreurs de perspective.

La gauche, dite radicale, en pleine recherche d'un nouveau souffle et aux calculs électoralistes méprisables, avait trouvé le moyen de capter et de mobiliser cette foule nombreuse, au mépris des dangers encourus pour la République. Le crédo fédérateur auprès de ces jeunes, pour la plupart désocialisés, était tout trouvé :

Importer le conflit Israélo-palestinien !

La fabrique du mensonge.

Les Français de confession juive étaient sidérés. Une fois encore, on les mettait sous une même bannière, occultant toute diversité politique, religieuse ou autre ; si vous êtes juifs, c'est que vous êtes comme les Israéliens, vous n'êtes plus les bienvenus en France, et c'est nous, originaires du Maghreb et d'Afrique qui le disons !

Israël devenait la bête noire. Ce minuscule pays, de 22.000 Km², grand comme trois départements français, devenait l'épicentre de tous les maux de la terre.

Que l'on nous cite un seul pays vivant une telle situation ?

La création de l'État d'Israël a allumé une lueur d'optimisme, une terre sur laquelle le peuple juif pourrait enfin retrouver un foyer, un lieu qui transcende la souffrance ancestrale. Cependant, étrangement, la création de cette patrie n'a pas été accueillie par tous avec la même bienveillance.

Au sein de l'Organisation des Nations Unies, certains États, connus pour leurs approches à des groupes terroristes, refusent de reconnaître l'existence de l'État juif. Être juif est désormais perçu comme une menace, ravivant les souvenirs sombres du passé historique. Certains, de manière déconcertante, semblent résister à l'idée que le peuple Juif, autrefois sans patrie, puisse s'épanouir dans un État fort tel qu'Israël, comme s'il était inimaginable que ce petit pays puisse jouir de la liberté tant attendue.

Le monde tournait autour d'Israël, et son image dans l'opinion publique, largement manipulée par les acteurs mentionnés précédemment, subissait des changements avec l'arrivée massive d'immigrants en provenance du continent africain.

L'ironie est que pour la plupart d'entre eux, incapables même de situer géographiquement Israël et la Palestine, sans jamais dans le passé avoir été en contact avec la communauté juive, et encore moins avec les musulmans du Proche-Orient, ont trouvé une identification avec le peuple palestinien.

L'opération militaire connue sous le nom de "Paix en Galilée" et le massacre de Sabra et Chatila qui, malgré les enquêtes internationales, désignaient une milice libanaise comme responsable, avait, une fois de plus, eu un écho médiatique désastreux.

Pour la première fois en France et après-guerre, lors d'une manifestation organisée par le MRAP, "la rue arabe" attisée par une extrême gauche perfide et amorale, scandait dans les rues de Paris sans que la justice y trouve à redire :

" Mort aux juifs " !

Le débat en France s'était polarisé, rendant les juifs de France spectateurs, découvrant une fois de plus, articles et commentaires dans une presse à l'idéologie gauchiste et impartiale, et les horribles thèses revenaient !

Une fois de plus, cette vision apocalyptique n'intéressait pas grand monde. Certains politiciens et médias d'opinion étouffaient délibérément leur moralité, cédant à l'orientation électoraliste pour certains, à l'idéologie pour d'autres, voire parfois aux deux. Le mythe ressuscité du juif responsable de tous les maux de la terre faisait son retour, mais habilement, sous une forme différente, car il fallait trouver un moyen de ne pas être accusé d'antisémitisme, et ils l'ont trouvé :

Le sionisme !

Après l'accusation de déicide, tenus faussement responsables de la mort de Jésus-Christ, les juifs ont été accusés de crimes rituels monstrueux, celui de boire le sang des enfants chrétiens pour fabriquer le pain azyme lors de la Pâque juive. Puis celle du juif usurier, avide d'argent et manipulateur qui a servi à justifier les discriminations économiques et les expulsions, ancrant dans l'imaginaire collectif une méfiance et une hostilité tenaces. Avec l'avènement des États-nations, une nouvelle accusation a émergé : celle du juif traître, accusé de comploter contre le pays qui l'accueille et de faire passer ses intérêts communautaires avant ceux de la nation.

À l'ère moderne, une autre rhétorique s'est répandue : celle du Juif détenteur des médias mondiaux, accusé de manipuler l'opinion publique et de contrôler l'information pour servir ses propres intérêts. À la longue liste discriminatoires s'ajoute la nouvelle diffamation :

Celle du Juif colonisateur démocrate et blanc.

Miroir intéressant, dépeint par les pays les plus critiques envers Israël et qui ont, historiquement parlant, un réel passé de grands colonisateurs.

La question qui se pose est alors :

Quelle sera la prochaine accusation ?

Ces médias avaient systématiquement pris le dangereux parti de critiquer toutes les actions israéliennes. Déformant à leur gré la réalité d'une situation, usant de ficelles aussi grosses que mensongères, occultant l'histoire et ses vérités, sans se soucier de sa menace permanente pour son existence.

Pour les Juifs de France, cela devenait insupportable, de telle sorte qu'il nous était difficile de ne pas prendre parti pour Israël.

Ce minuscule pays, abrite plus de journalistes* que l'ensemble du continent africain, perpétuellement en guerre.

- L'Angola, avec plus de 500.000 morts.

- Le Burkina-Faso et le Mali, avec les horreurs d'exécutions sommaires de prisonniers de guerre, au mépris du droit international.

- L'Érythrée, l'Éthiopie, le Tchad, la Libye et tant d'autres, mais cela n'intéressait pas les médias français.

- Le Soudan, où des hordes ont assassiné des centaines de milliers d'Animistes et de Chrétiens, avec un déplacement de population d'environ sept millions d'individus, n'a pas retenu la moindre ligne dans Le Monde.

Seul le conflit proche-oriental était intéressant et captivant.

Pas un jour sans qu'une ouverture de journal télévisé, de la radio ou de la presse écrite ne parle d'Israël, car il est encore à ce jour plus "rentable" d'évoquer l'actualité de la mort d'un civil israélien baptisé forcément de colon, alors que son assassin est présenté comme un combattant.

Nous étions les témoins conscients, mais impuissants face à la troncation des informations. La couverture médiatique variait d'un continent à l'autre, et même au sein de l'Europe.

Manipulatrice pour les uns, nourricière de haine et de ressentis pour les autres, certains médias français avaient dépassé la délicate frontière des principes déontologiques du journalisme. Ils avaient opté comme source d'information *Al-Jazzera*, organe de propagande qatari, internationalement reconnu pour son parti pris anti-israélien et proche du mouvement des Frères musulmans. Le devoir déontologique du contrôle de l'information perdait de son importance.

**(une estimation d'environ mille deux cents journalistes).*

L'irrationnel battait son plein, et l'éternel coupable était déjà désigné et condamné !

Les journalistes, sans scrupules, devenaient des propagateurs, laissant le "*fake cheking*" et les vérifications aux Israéliens qui, malgré les preuves, devenaient inaudibles et non crédibles.
La presse écrite avait choisi de prendre parti, et les violentes manifestations organisées dans les capitales arabes, en Europe, mais principalement en France, où des cris de "mort aux juifs" faisaient ressurgir un antijudaïsme séculaire.
La légèreté des propos de certains politiciens et journalistes, tels des funambules évoluant sur le fil de la vérité, jonglant avec des mots chargés du poison de la haine.
Aveuglés, ces acteurs, censés guider le lecteur, deviennent malheureusement de véritables pompiers pyromanes qui, dans leur quête éhontée de popularité ou de puissance, sacrifient la cohésion sociale sur l'autel de l'ignorance.

Leurs discours, empreints de superficialité et sans nuances, propagent un feu qui incendie les esprits fragiles.
Ils ne mesurent pas la puissance de leurs mots, leur impact sur des âmes déjà fragilisées par l'ignorance, prêts à consumer sans discernement tout ce qui se trouve sur leur chemin.

À travers leurs écrits ou analyses distordus, ils fournissent les armes de l'intolérance à ceux qui, faute de discernement, se laissent manipuler. Ils mettent des cibles sur des victimes innocentes, des jeunes hommes, des vieilles dames, des enfants, tous liés de près ou de loin à Israël.

C'est une tragédie que de voir des vies mises en danger par la rhétorique toxique de ceux qui devraient être les Gardiens de la vérité. Il est temps de demander des comptes à ces incendiaires, de réclamer une responsabilité intellectuelle et morale. Nous le paierons tous un jour !

Israël, qui avait déjà compris depuis quelque temps qu'il avait perdu la bataille des médias, devenait pour certains la honte de l'humanité !

Un des exemples fut celui du journal Libération affichant en couverture de page la photo d'un soldat israélien au regard féroce et à la matraque levée, avec à ses pieds un blessé ensanglanté, titrant la façon dont l'armée matait les résistants, alors qu'en fait, il s'agissait d'un citoyen américain, dont le soldat l'avait soustrait à un lynchage certain. Il avait fallu attendre quelques jours avant que ce quotidien ne reconnaisse son erreur par un minuscule encadré, suite aux menaces de poursuites pour diffamation du père du blessé.

Mais hélas, le mal était fait.

Le Monde, sous la plume d'un grand intellectuel, Edgar Morin, écrit que les Juifs d'Israël sont des "massacreurs et des humiliateurs". (Sic)

Quelques radios s'étaient distinguées par leurs chroniques matinales. Les plus virulentes venant de *Radio France*, avec une mention spéciale pour *France-Inter*, qui, inlassablement et sans relâche, diffusait ses revues de presse au vitriol, au point que même la communauté juive de gauche, écœurée, l'avait désertée.

Un présentateur du journal télévisé d'Antenne 2, chaîne d'État, rapporte l'information inexacte, *"que l'ONU a déclaré qu'Israël avait commis un génocide".*

Europe N°1, première radio généraliste de France dans les années 1976, dont sa colonne vertébrale, longtemps basée sur l'information et la diffusion de l'information équilibrée, prenait une dérive depuis l'éviction d'Étienne Mougeotte par le gouvernement de F. Mitterrand, s'immisçant dans les choix éditoriaux.

Le blog assassin d'une excellente journaliste professionnelle, Catherine NAY, qui n'hésite pas à avaliser, sans précaution ni nuance, la rumeur lancée par un historien israélien, Ilan Pappé, que l'État d'Israël était né sur les bases d'une "purification ethnique", et de conclure : *"Victimes autrefois, les Israéliens devenaient les bourreaux d'aujourd'hui". (Sic)*

Il serait laborieux de dresser une liste exhaustive, mais comment oublier le spectacle surréaliste dont nous avons été les témoins, celui du président de la République, Jacques Chirac, lors de sa visite à Jérusalem en 1996, et dont la mise en scène ne laisse place à aucun doute. Sa colère, dirigée contre le chef de la police israélienne, responsable de sa sécurité, a fait la une des médias du monde. Dans un anglais approximatif à l'accent bien français, je le cite :
"What do you want? Me to go back to my plane and go back to France ? Is that what you want? Let them go, let them do. This is not a method; this is a provocation. That is provocation. Please, you stop now".

Peu de temps après, en octobre 2000, sur le perron de l'Élysée et devant les caméras du monde entier, le Président affichait un soutien très chaleureux au président de l'autorité palestinienne, Arafat tandis qu'un peu plus tard, dans une posture peu diplomatique, il affichait une froideur face au Premier ministre israélien Barak, lui tournant par moment grossièrement le dos. Ces images n'ont pas eu l'étranger pour seul destinataire : les Français ont également été les récepteurs de ces messages peu protocolaires.

(Que voulez-vous ? Que je retourne à mon avion et que je rentre en France ? C'est ce que vous voulez ? Laissez-les aller, laissez-les faire. Ce n'est pas une méthode. C'est une provocation. Ceci est une provocation. Arrêtez maintenant, s'il vous plaît.) (Sic)

Le président de la République, ainsi que certains membres du gouvernement, n'ont jamais mesuré les impacts négatifs de leurs déclarations intempestives et la douleur ressentie par les concitoyens français de confession juive.

Puis, incontestablement, l'affaire qui a fait la une durant des semaines a été celle du petit enfant palestinien de 12 ans, tué par balles dans les bras de son père, le 30 septembre 2000, à Gaza, avec la question cruciale :

Qui a tué Mohamed Al Durah ?

Cet évènement douloureux a été révélateur et a prouvé, s'il en fallait encore, que les images peuvent tuer autant que les balles. Beaucoup de choses ont été écrites sur cette tragédie, et je n'ai nulle envie d'en rajouter. Mais quelle imprudence des médias de vouloir, contre vents et marées, être les premiers à créer le "buzz", assurant le lecteur de leur vérité avant toute enquête sérieuse ?

De ce fait, ils se positionnent au rang de procureur.

France 2, par le biais de Charles Enderlin et du caméraman Talal Abu Rahma a été les révélateurs de ce drame, et selon les pays, certains médias parlaient d'assassinat, d'autres dénonçaient une immense imposture.
Le petit Mohamed était devenu le symbole du martyre palestinien.

Le 12 octobre 2000, deux réservistes israéliens, ayant perdu leur chemin et sous protection officielle de la police palestinienne, avaient été lynchés à mort par des militants dans les locaux du commissariat principal de Ramallah. Les criminels présentaient à la foule leurs mains ensanglantées. Ils avaient éviscéré les prisonniers et jeté leurs organes à une foule hystérique, sous l'œil des caméras de télévision du monde entier et avec la complicité de la police palestinienne.

Aujourd'hui encore, peu de médias ont eu le courage de dénoncer cette monstrueuse cruauté. Cet acte de barbarie sans égal avait conduit à l'embrasement de la région et à la seconde intifada.

Dans cette cacophonie, quelques politiciens, intellectuels et artistes se mêlaient à la danse. Chacun s'auto proclamait expert du conflit au Proche-Orient, sans même n'y avoir jamais mis les pieds. Certains bien-pensants n'hésitaient pas sur les plateaux télévisés à aborder cette actualité, sous-entendant les actions condamnables de l'État hébreu, bien que cela n'ait aucun lien avec le sujet artistique pour lequel ils avaient été invités.

En 2008, une émission de télévision de grande écoute avait offert au public un sketch nauséabond sur la Shoah. De manière insensible et déplacée, mettant en scène l'humoriste Dieudonné M'Bala M'Bala, alors connu pour ses duos avec Elie Seimoun. Le tollé, il est vrai, avait été général.

Beaucoup de gens avaient été choqués, et au gouvernement, une personne s'était élevée contre cela ; Manuel Walls qui reste, depuis, une cible bien identifiée.

Malgré leur interdiction, les spectacles affichaient complet, en grande partie grâce à la couverture médiatique qui suscitait un intérêt malsain, particulièrement parmi les jeunes des banlieues : Saluts nazis détournés en "quenelles", invitations d'individus notoirement condamnés à plusieurs reprises pour racisme, antisémitisme et incitation à la haine.

Le ministère des Affaires étrangères, symbolisé par ses différents ministres au fil des années, a également affiché sa position. Toujours sous la présidence de Jacques Chirac, Lionel Jospin, chef du gouvernement socialiste, qui lors de sa visite à l'université de Birzeit, avait été caillassé par des étudiants pro-Hamas, en raison de la condamnation de la France des attaques aveugles du Hezbollah et de toutes les attaques terroristes.

La présidence avait alors dénoncé un "dérapage verbal" du Premier ministre.

Quel courage !

Hubert Védrine, ministre socialiste des Affaires étrangères, semblait focaliser son attention principalement sur un seul pays étranger : Israël.

En tant que défenseur de la cause juste, il n'hésitait pas à exhumer les vieilles rhétoriques moyenâgeuses du Juif empoisonnant les puits, et à qualifier l'État hébreu, largement reconnu comme l'un des plus démocratiques au monde, d'État d'apartheid, le seul État de la région où les Arabes peuvent critiquer leur gouvernement et afficher leur orientation sexuelle sans risquer d'aller en prison ou d'être abattus ?

Ou des représentants Arabes siègent au Parlement ?

Où chacun peut vivre, aimer, critiquer, manifester comme il le souhaite ?

La question se pose alors : les termes peuvent-ils avoir le même sens quand on parle de l'apartheid vécu en Afrique du Sud et quand on parle d'Israël ?

Mais le plus "assidu" dans cette démarche est indiscutablement le ministre Monsieur Roland Dumas, également membre du Parti socialiste sous le gouvernement Mitterrand.

Se définissant en tant que grand notable en matière de relations dans le monde arabe. Pour lui, la simple existence d'Israël constitue une faute, suivant ainsi la trajectoire définie par la France depuis la conférence de presse de 1967, après la guerre des Six Jours, où le général de Gaulle avait qualifié les Israéliens de *"peuple fier de lui-même et dominateur".* (Sic)

Tout était dit !

L'affaire en 1969 des vedettes de Cherbourg, virant à l'incident diplomatique, a confirmé le tournant de la France vis-à-vis de son État ami. Le vent avait tourné...

Il est exact que, sur le plan géopolitique, l'État hébreu ne représente pas grand-chose face aux riches États arabes, clients pour nos armes et fournisseurs de notre combustible. Cela a eu pour effet un rapprochement des relations entre Israël et les États-Unis.

Les partis d'extrême gauche ont tiré parti de la nouvelle réalité multiculturelle, agitant et manipulant une fraction de la population française en défiant les interdictions préfectorales. Ils ont appelé à la désobéissance civile et organisé d'importantes manifestations cherchant à installer un climat de chaos. Ils avaient trouvé le sionisme bien plus politiquement correct comme angle d'attaque. Cela devenait leur Bible, l'alpha et l'oméga de tous les problèmes au Proche et Moyen-Orient. Par ce biais ils pouvaient critiquer Israël sans être taxés de racisme, faisant fi de la composante démocratique de ce pays, jetant les juifs en pâture à une communauté chauffée à blanc. En somme, ils reprenaient les thèses ancestrales :

Tous les juifs sont coupables !

Défilant aux côtés de manifestants qui, sans hésitation, arboraient ouvertement les insignes du terrorisme, exprimant leur haine et leur soif de vengeance, allant jusqu'à tenter de prendre d'assaut des lieux de culte comme à Sarcelles dans le Val-d'Oise ou la synagogue de la rue de la Roquette à Paris.

Ils étaient prêts à tout détruire et à y mettre le feu, forçant les fidèles effrayés à se barricader en attendant l'intervention des forces de police. Le tout a été relayé par les médias du monde entier, comparant le chaos des rues de Paris à celui de Beyrouth, du Caire ou de Damas.

Les haineux slogans qui faisaient de tous les Français de confession juive des Israéliens étaient insupportables.

Et pourtant, malgré l'abondance d'images diffusées par les télévisions internationales et les systèmes de vidéosurveillance, l'écho de ces événements n'a pas été suivi de conséquences judiciaires ou politiques. Aucune arrestation n'a été effectuée, aucune critique n'a été adressée aux organisateurs et aux partis politiques impliqués dans ces troubles. Face à cette impunité apparente, une question lancinante émergeait :

Où était la République ce jour-là ?

Où était cet État qui se devait d'être fort ?

L'antisémitisme ne disparaîtra pas. Il s'adaptera aux peurs et aux préjugés de chaque époque, se réinventant sans cesse pour continuer à propager la haine et la division.

Il est la réponse à la faiblesse des dirigeants et le remède des ignorants.

La souffrance que nous avons endurée est une blessure qui a marqué nos cœurs. Les vagues de haine semblaient sans fin, nous laissant désemparés, perdus dans un monde dans lequel les valeurs étaient inversées, remplacées pour les uns par l'intolérance, et pour les autres, les idiots utiles de ceux qui, en coulisse, tirent les ficelles.

Nous nous sentions comme des étrangers dans notre propre pays, exclus de toute défense. Au travail, nous étions questionnés sur la politique israélienne, comme si le fait d'être un Juif imposait obligatoirement une réponse. Dans les rues, nous marchions avec la peur, craignant l'agression physique ou verbale à chaque coin de rue.

Cette vision me hante et m'obsède.

Mais malheureusement, je crois que le pire est à venir !

Les attaques contre les synagogues, les insultes dans les rues, la haine et les menaces en ligne, autant de manifestations qui ne semblent jamais vouloir disparaitre.

Le soir, nous étions emprisonnés dans nos propres demeures, évitant toute sortie.

Et toujours les mêmes interrogations :

Comment en sommes-nous arrivés là ?

Pourquoi nous ne pouvons plus dialoguer ensemble et être obligés d'appartenir à un camp ?

Pourquoi ai-je la conviction que les prochaines années seront dures pour nos communautés dans le monde ?

Je reconnais avoir peur pour mes enfants et mes petits-enfants. Auront-ils la force, la résilience nécessaire pour affronter cette haine rampante qui prend racine plus profondément chaque jour dans notre société ?

Comment les préparer à faire face à ce monde hostile ? Comment leur inculquer la force intérieure nécessaire pour résister à la tentation de la haine ?

Je les regarde grandir, avec leur sourire radieux et leurs rires insouciants, et pourtant, une lourdeur s'installe dans ma poitrine.

Pourquoi nous ? Pourquoi ?

Toutes ces questions auxquelles je ne trouve pas de réponse.

L'idée que l'on se fait du Juif commerçant né ou meilleur vendeur n'est pas exacte. Cette vision stéréotypée occulte une réalité bien plus complexe et nuancée. En vérité, nous n'avons jamais réellement su nous vendre. Enfermés dans notre pudeur, nous avons souvent cru, à tort, que l'humanité comprendrait nos souffrances et nos histoires sans que nous ayons besoin de les exprimer ouvertement.

Cette réticence à nous plaindre ou à tendre la main a marqué notre histoire de manière profonde et indélébile.

L'exemple des survivants des camps de concentration en est le meilleur. Combien d'années ont passé avant qu'ils ne trouvent le courage de raconter leurs histoires ? Combien de temps avant que leurs voix ne soient entendues et reconnues ? Leur silence témoigne d'une pudeur profonde, d'une peur de l'incompréhension ou du rejet, et peut-être d'une fierté mal placée. Après tout, peut-être que le Général De Gaulle avait raison lorsqu'il disait que nous sommes sans doute un peuple fier.

Cette fierté, pourtant, n'est pas celle d'un orgueil vaniteux. Elle est le reflet d'une dignité farouche d'une certaine intégrité face à l'adversité. Nous avons longtemps hésité à mettre nos douleurs en avant, à quémander la compassion ou l'aide des autres. Cette pudeur a été à la fois notre force et notre faiblesse, nous permettant de survivre dans des conditions inimaginables, mais nous isolant aussi dans notre souffrance.

Cependant, il arrive un moment où l'on se retrouve à bout de force, épuisé par une lutte incessante contre les vents contraires de la vie.

L'exemple du rejet d'une partie de la population qui refuse de reconnaître notre capacité à aimer deux pays simultanément, creuse en nous un déchirement profond.

Cependant, dans mon cœur, la France occupe une place particulièrement précieuse.

Et puis, aimer deux nations ne signifie nullement diminuer l'affection de l'une au profit de l'autre.

Il n'y a pas de contradiction.

D'un côté, il y a celle qui m'a vu grandir et représente ma patrie, ma langue. C'est elle qui m'a instruit, qui m'a permis de m'élever socialement, de m'inculquer les valeurs universelles telles que la liberté, l'égalité et la fraternité, de fonder ma famille et de leur offrir ce dont ils avaient besoin.

De l'autre, il y a Israël, mon pays d'histoire et de spiritualité, la terre de mes ancêtres, celle qui abrite l'essence même de ma communauté. Une terre où les traditions prennent vie et où chaque pierre résonne des échos du passé.

Joséphine Baker chantait cette merveilleuse chanson, *J'ai deux amours, mon pays et Paris.* Même si cela peut être parfois difficile à concilier, par un choix permanent qui soulève des confusions, ces deux pays avec leurs histoires, leurs forces et faiblesses représentent nos vies.

Lutter contre la méprise de ceux qui ne comprennent pas cette dualité devient une épreuve émotionnelle, et choisir entre l'amour pour la France et l'attachement à Israël leur semble inconcevable. Pourtant, ces deux amours cohabitent harmonieusement, se complétant l'un l'autre. Alors, face au rejet, je choisis d'affirmer avec fierté mon amour pour la France et Israël, honorant ainsi les deux patries qui sont dans mon cœur.

Malgré mes efforts pour trouver des arguments positifs, la réalité de mon traumatisme est telle que même les éclairs de lumière semblent ne plus percer l'obscurité qui m'entoure.

À contrecœur, je dois reconnaître que je n'ai plus le désir de rester dans ce pays qui, malgré ses charmes, et tout l'amour que j'ai pour lui, incarne pour le moment le fardeau de mes peines.

Les promesses d'un meilleur avenir paraissent lointaines.

Le poids sur mes épaules devient insoutenable, et l'envie de m'évader devient un murmure incessant dans mon esprit.

Pourtant, prendre la décision de partir n'est pas une renonciation, mais plutôt une tentative courageuse de préserver sa propre santé mentale et émotionnelle.

Dans ce moment de vérité, je ressens le besoin de m'accorder la clémence que je mérite, de comprendre que partir ne signifie pas abandonner, mais plutôt se donner la chance de renaître ailleurs, de trouver un refuge de guérison pour mon cœur meurtri.

Cathy avait depuis longtemps déchiffré ce qui me tourmentait. Ce soir où, tardivement rentré, portant les stigmates invisibles de mon mal-être, par sa présence apaisante, elle m'avait réconforté. Elle avait, dans sa tendresse silencieuse, esquissé des sourires complices, empreints d'une compréhension profonde, sans jamais aller dans l'intrusion indiscrète.

Il me semblait qu'à travers son regard plein de sollicitude, elle avait lu au plus profond de moi, dévoilant les blessures que je m'efforçais de dissimuler. Par sa compréhension intuitive, elle avait sans doute deviné que quelque chose d'irréparable s'était produit ce soir-là.

Cependant, aujourd'hui encore, des questions ressurgissent constamment dans mon esprit :

"Pourquoi n'ai-je pas simplement ouvert mon cœur à Cathy " ?

Cette interrogation s'est installée dans ma conscience, me laissant doutes et regrets. La seule réponse à laquelle je m'accrochais était la peur constante que mon agresseur ne me retrouve et qu'il ne commette l'irréparable.

Peut-être inconsciemment, avais-je souhaité préserver Cathy de cette angoisse qui m'habitait, par crainte de la voir s'enliser dans ma détresse, et que ma confession ne devienne un fardeau qu'elle n'avait pas à porter.

Cette réticence à partager mes tourments les plus profonds réside probablement dans la complexité des émotions, dans la difficulté de traduire en mots les blessures qui marquent mon âme.

Comme une route incertaine. Je façonnais les contours flous d'un exode silencieux, cachant mes réels motifs, espérant que mes proches ne me forceraient pas à les divulguer.

Ainsi, aujourd'hui, l'inconnu du pourquoi, mêlé au regret, demeure en moi, et dont les réponses se cachent certainement dans les replis de mon cœur, attendant d'être découvertes un jour. Lorsque je repense à ce moment, un poids s'installe sur ma poitrine.

Dans ma quête de préserver mon épouse et nos enfants, j'érigeai des remparts autour de mes tourments, espérant les tenir à distance.

L'abandon de ce qui nous est familier est une souffrance qui nous projette l'image du mythe légendaire du juif errant, dont l'origine remonte à l'Europe médiévale.

Ainsi, l'horizon lointain devient la promesse d'une nouvelle aube où la douleur du passé pourrait s'estomper.

Oui, partir devenait la solution.

**

Chapitre - II

*Chaque voyageur à une maison à lui, et il apprend à l'apprécier
d'autant plus au cours de son errance.*
Charles Dickens

Je me nomme Raymond, humble fils de Maurice et Gisèle Baron. Mon premier souffle de vie a eu lieu sous les cieux tunisiens, le 3 août 1945, avec ma sœur jumelle, la douce Céline.

Nous habitions le quartier de La Fayette, au cœur de la capitale, Tunis, et nos vies étaient plutôt confortables.
Notre père tenait un cabinet d'assurance et maman était laborantine à l'Institut Pasteur.

Notre appartement était grand et bien meublé, et nous disposions chacun d'une chambre, ce qui était un luxe inestimable.
Pendant les vacances scolaires, Papa louait une villa à Kérédine, une ville proche de La Goulette, ville qui abritait un casino. Il nous rejoignait tous les soirs après sa journée de travail en prenant le TGM, le train qui reliait Tunis à La Marsa.

Notre vie était plutôt aisée comparée à la plupart des habitants. Et bien que nous habitions ce pays depuis quelques générations, notre culture était fortement occidentalisée, et particulièrement française.
Notre appartement était comme une ambassade, un petit bout de territoire de la France.

Céline et moi fréquentions tous deux l'école de la Mission Française, qui se trouvait à proximité de notre domicile. De même, nos parents n'avaient aucune nécessité d'utiliser les transports, leurs lieux professionnels étaient à quelques pas de chez nous.

Notre existence s'épanouissait paisiblement, entre les liens chaleureux de la famille et les moments partagés avec nos amis, le travail et les vacances bien méritées.
Ainsi, notre existence se déroulait harmonieusement.

Notre père occupait bien son rôle de chef de famille et les grandes décisions venaient de lui. Il était bon et son cœur était aussi vaste que son imposante stature. Sa beauté virile, avec ses traits ciselés par le temps, ses cheveux argentés, qui scintillaient sous le soleil, attiraient des regards admiratifs. Cependant, ce portrait idyllique était terni par sa passion dévastatrice pour les cartes, ce qui mettait notre Maman dans une constante inquiétude.

Régulièrement après la fermeture de son agence, il se rendait au café *"Le Paris Bar"*, à l'angle de l'avenue Jules Ferry et de l'avenue de Paris, pour retrouver ses amis pour de longues parties de belote.
Le claquement des cartes sur la table en bois, les rires, les cris et les discussions animées créaient une ambiance électrique. Il pouvait passer des heures à jouer, à parier et à bluffer avec une maîtrise déconcertante.

Il avait ce don pour lire sur les visages, anticiper les coups pour mener la danse. Il savait tromper les adversaires les plus perspicaces. Ses amis le surnommaient le "magicien des cartes" et il portait ce titre avec fierté.

Mais au-delà de son habileté au jeu, c'était sa générosité qui impressionnait. Il était de toutes les associations de charité, et il n'était pas rare que des personnes sonnent à notre porte pour une quelconque aide. Souvent, au détour d'une rue, il n'hésitait pas à offrir un repas à ceux qui en avaient besoin. Il disait que la vraie valeur dans la vie était d'aider les autres.

Cependant, nous avons connu une période difficile, car avec le temps, son addiction au jeu avait empiré. Les gains, mais surtout les pertes, autrefois insignifiantes, devinrent de plus en plus élevés.

Il dissipait les finances du foyer, plongeant notre mère dans une profonde détresse, et les querelles, jadis absentes de notre foyer, devenaient courantes.

Nos économies se réduisaient comme peau de chagrin. Autrefois si insouciant et charmant, notre père, malgré les revers, hanté par les soucis financiers, refusait de renoncer à sa passion. Il croyait en sa capacité à renverser la tendance.

Ce fut une période difficile, marquée par des inquiétudes non dissimulées. Notre père n'était plus le même, il avait été pris au piège de sa passion dévorante, se trouvant subitement en bascule dangereuse par son amour du jeu.

Fort heureusement, il finit par se raisonner et comprit que cette addiction était un piège et que la vraie victoire était de rester maître de soi-même. Petit à petit, grâce à Maman et à sa volonté de s'en sortir, il avait réduit ses parties de cartes et consacrait plus de temps à la famille.

Pour notre plus grand bonheur, nous retrouvions enfin le Papa qu'il était auparavant. Pour ma part, j'ai vu un homme traverser les tempêtes de la passion pour en ressortir plus fort. Il m'avait alors fait jurer, lui qui m'avait appris les rudiments du jeu de cartes, d'éviter d'entrer dans cette dérive.

À ce jour, j'ai tenu promesse jusqu'au dam de mes amis qui ne comprennent pas comment un natif de Tunisie comme moi ne sait pas jouer aux cartes.

Notre mère, une femme belle et élégante, incarnait la grâce et la détermination.

Elle avait suivi de bonnes études et embrassé une passionnante carrière professionnelle, tout en préservant l'essence de la famille, chose totalement incomprise à une époque où les femmes étaient principalement destinées au rôle de femme au foyer.

Elle avait dû surmonter les défis et les préjugés qui jalonnent la route des femmes qui choisissent de travailler au-dehors.

Elle est la preuve que la maternité et la carrière ne sont pas mutuellement exclusives, mais des facettes d'une vie riche et épanouissante.

Chaque jour, elle se rendait au laboratoire de l'Institut Pasteur, prête à apporter son expertise et à dispenser ses conseils, après avoir commencé, dans la douce lueur du matin, sa journée de maman.

Sa silhouette traverse la maison avec silence et discrétion. Une fois le petit déjeuner prêt, elle nous réveille avec tendresse par son sourire éclairant nos chambres obscures.

Elle est le pilier de la maison, la gardienne de l'harmonie qui maintient l'équilibre entre la chaleur du foyer et l'exigence de son travail.

Ce qui m'a toujours fasciné en elle, c'est sa capacité à tout concilier. Sa vie est un ballet harmonieux et permanent entre son travail professionnel et celui de la famille.

Elle jongle entre la maison et son laboratoire, entre les tubes médicaux et les cocottes ménagères, entre ses travaux de recherche et les câlins qu'elle nous offre sans jamais montrer de signe de faiblesse. Elle trouve la beauté dans les détails, créant des plats exquis, transmis pour la plupart par sa maman, que nous avions la chance d'avoir encore parmi nous.

Par sa potentialité à faire face, notamment à l'addiction de notre père, elle nous a montré que les rêves et les responsabilités peuvent coexister avec la force et la persévérance.

Elle influençait nos tenues vestimentaires et promouvait les valeurs occidentales totalement infiltrées dans notre éducation quotidienne, allant jusqu'à s'accorder certaines libertés religieuses. Pourtant, au milieu de cette immersion occidentale, les traditions et les coutumes tunisiennes étaient bien enracinées dans nos familles et notre patrimoine.

Si notre foi était présente, nous n'étions pas de fidèles pratiquants, mais plutôt, au grand désespoir de notre mamie maternelle, une famille davantage ancrée dans les traditions que dans les écrits bibliques. Toutes les fêtes religieuses nous rappelaient notre identité juive tunisienne, un héritage riche et coloré.

Cette dichotomie était souvent source de conflits intérieurs. D'un côté, nous aspirions à embrasser la modernité et le progrès, de l'autre, nous avions peur de nous diluer dans une culture étrangère, de sacrifier notre identité sur l'autel de l'occidentalisation.

Au fil du temps, j'ai compris que notre culture était bien plus complexe qu'elle ne laissait paraître. Elle avait la capacité d'assimiler des influences extérieures, et nous pouvions être à la fois fiers de nos racines ancestrales tunisiennes, ouvertes au dialogue interculturel, tout en adoptant des pratiques occidentales.

Nous avons appris à fusionner ces deux aspects, à faire de l'Occident notre compagnon de voyage, sans jamais renier notre identité profonde.

Être juif, tunisien et français fut une expérience complexe, mais profondément enrichissante dans cette période de transition et de changement, où les identités et les aspirations se croisaient et se heurtaient. La vie des juifs en Tunisie avait entamé une évolution. Les tensions entre les communautés musulmane et juive avaient augmenté, et pour notre famille, la situation était devenue compliquée. L'impératif de partir s'est fait ressentir rapidement en raison de notre nationalité française et des relations franco-tunisiennes fortement détériorées. À cette époque, la Tunisie demeurait soumise au protectorat français, bien que le mouvement d'indépendance gagnât en force. Cette période de transition était caractérisée par des turbulences.

À cette période, je faisais mes études au lycée français Carnot, et certains professeurs ne cachaient pas leurs idées progressistes. Il y avait souvent des manifestations, des grèves et des affrontements entre les partisans du statu quo et ceux de l'indépendance du pays. Nous étions conscients des aspirations d'indépendance de la Tunisie, car nous avons souvent été témoins d'actes d'injustice envers les Tunisiens.

Nous savions tous, que le colonialisme allait prochainement prendre fin.

Au début, notre famille était réticente à quitter sa Tunisie natale. Leurs racines étaient profondes et très attachées à la vie communautaire, seulement leur choix fut imposé par l'ambassade de France expliquant ne plus pouvoir assurer la sécurité de leurs concitoyens.

Ils avaient alors, après des nuits sans sommeil, discuté de ce qu'il fallait faire, et prirent la décision de partir vers la France afin d'assurer notre avenir.

Par un ciel bleu éclatant, nous quittâmes la Tunisie le 21 octobre 1962. Le voyage avait été difficile et émouvant. Quitter sa maison, son travail, sa famille en emportant seulement quelques affaires pour aller vers un pays nouveau et inconnu, cela relevait d'un certain courage, mais ils n'étaient pas les seuls, bien d'autres familles avaient à regret pris ce même chemin.

Nous adapter ne fut pas facile, mais heureusement, notre parfaite connaissance de la langue avait facilité les démarches obligatoires. Leurs esprits naviguaient dans l'incertitude quant à la destination de notre futur lieu de résidence. Un dilemme qui évoquait le choix entre deux grandes villes, chacune portant en elle des promesses, mais sans certitude.

Marseille était séduisante par sa tendre ambiance méditerranéenne rappelant la chaleur de notre terre natale, avec ses accents résonnant comme des murmures lointains de l'Afrique du Nord et sa mer azur, mais c'est Paris, ville de lumière qui fut choisie, nous offrant plus de perspectives professionnelles et scolaires.

Peu à peu, notre famille avait réussi à se fondre et à s'adapter à notre nouvelle existence, même si le temps souvent sombre exerçait une pression importante sur notre moral.

De manière surprenante, nos parents s'étaient engagés sur une voie plus religieuse, attachant une importance croissante à nos traditions qu'ils n'avaient absolument pas l'intention d'abandonner.

Papa avait trouvé un poste de commercial au sein d'un important groupe d'assurance. Autrefois petit patron libre et indépendant, il devenait un simple commercial aux ordres d'une imposante structure.
Ce changement, bien que nécessaire pour s'adapter aux circonstances, a laissé des traces profondes, lui qui avait l'habitude de tracer sa propre voie. Le poids des responsabilités qui accompagnait cette transition était palpable. Papa, jadis le décideur incontesté, s'est retrouvé à jongler avec les exigences d'une structure bien plus grande que lui. Les ordres à suivre, les protocoles à respecter, tout cela formait une toile contraignante qui enveloppait sa nature indépendante.

Pour Maman, la situation était plus délicate. Elle, qui avait brillé en tant que chercheuse au sein du prestigieux laboratoire de l'Institut Pasteur, se trouvait à présent à manœuvrer dans un tout autre univers. Les circonstances lui avaient réservé une transition moins glorieuse : elle avait décroché un poste de préparatrice dans la modeste pharmacie de notre quartier.

Un an s'était écoulé et notre discrète grand-mère quittait ce monde, plongeant notre famille dans le deuil et maman dans une profonde tristesse. Son départ avait été un déchirement émotionnel qui laissait un vide profond au sein de notre famille. Ses mains usées par le temps ne caresseraient plus nos joues avec une tendresse infinie, et sa voix, telle une mélodie réconfortante, ne résonnerait plus dans les couloirs de la maison.

*

Cathy

Les années ont passé, ma sœur Céline a fondé sa famille après ses études en médecine. Son choix professionnel l'a guidé vers l'hôpital, préférant ce type de structure à l'indépendance d'un cabinet.

Quant à moi, après des études commerciales, j'ai intégré par le biais de papa sa compagnie d'assurance où, après quelque temps, j'ai pris la charge d'un secteur comprenant une cinquantaine de courtiers.

Un matin de juin, mon cœur fut déchiré par la brutale disparition de mon père, survenue au siège de la société. Malgré l'intervention rapide des secours, ils furent impuissants. Le cœur de Papa, cet homme puissant, jamais malade, avait soudainement cessé de battre.

La nouvelle laissa notre mère incapable d'accepter cette fatalité, d'autant plus qu'il venait tout juste de célébrer ses cinquante ans.

Les mois qui s'ensuivirent furent empreints de douleur et de difficulté pour elle. Céline et moi essayions de l'entourer de tout notre amour, conscients que la place qu'il occupait était immense, et son absence, une blessure difficile à cicatriser.

L'année fut difficile. Les jours qui ont suivi ce triste événement étaient comme des pages déchirées d'un livre, chaque heure marquant une nouvelle épreuve à surmonter.

Le deuil pesait lourd sur les épaules de maman, transformant sa silhouette gracieuse en une ombre de tristesse.

Chaque souvenir heureux se transformait en rivières de larmes, creusant les traits de son beau visage, et les forces qui l'animaient autrefois semblaient s'éteindre progressivement, comme une étoile pâlissant dans l'obscurité.

La joie, la vitalité et la chaleur qui la caractérisaient paraissaient se dissoudre dans le vide laissé par l'absence de son amour.

L'intervention d'un psychologue, collègue de Céline, fut nécessaire à sa prise en main médicale, évitant ainsi les prises médicamenteuses, et lui permettant de retrouver un peu de paix intérieure.

Un soir, au cours d'un dîner, les paroles douces de Maman enveloppèrent mon cœur d'une chaleur réconfortante.

- Raymond, je sais que toi aussi, tu portes le poids de l'absence de ton père, et je vois bien que tu ne sors plus, tu ne vois plus grand monde. Crois-tu que c'est comme cela que tu rencontreras quelqu'un ?
Ton père n'aurait pas aimé cela.
Il n'est pas égoïste de penser à toi.

Ce moment de tendresse avait agi sur moi comme un révélateur. Elle me rappelait l'importance de prendre soin de moi, de penser à ma vie. Ses mots bienveillants ont été un baume apaisant pour l'âme, une invitation à envisager l'avenir tout en préservant les souvenirs précieux de Papa.

Ce dialogue empreint d'amour a apaisé ma peine, m'offrant la possibilité d'aller de l'avant tout en continuant à chérir le souvenir de celui qui nous manque tant.

Curieusement, comme si les paroles de maman avaient exercé une influence sur mon avenir, quelques mois plus tard, ma vie sentimentale a pris une tournure inattendue en écrivant le premier chapitre de mon existence aux côtés de Cathy.

Un ami commun avait orchestré notre rapprochement lors d'une soirée communautaire, nous offrant ainsi une rencontre qui devait sceller un destin inaltérable et redessiner le cours de ma vie.

Dès le premier regard, sa beauté naturelle m'avait captivé. Son sourire illuminait notre table, dont la plupart des convives m'étaient inconnus.

La blancheur de son visage, les pommettes légèrement saillantes évoquaient les portraits de princesses russes. Ses yeux bleus, gène venu de sa maman, étaient pétillants, son nez droit et fin rappelait les sculptures gracieuses. Dans son ensemble, son visage avait la splendeur captivante d'une jeune femme originaire de l'Europe de l'Est, une beauté à la fois douce et envoûtante, l'élégance intemporelle de son héritage culturel. Les conversations étaient légères, mais empreintes d'un charme subtil et d'une complicité naissante. Nous nous trouvions des points communs et des passions partagées.

Nous avons dansé plusieurs fois, et chaque danse nous rapprochait un peu plus. À table, nous avons partagé des rires, des sourires complices, et des regards qui disaient davantage que mille mots. Une étincelle d'amour naissait entre nous, une flamme qui ne demandait qu'à grandir.

Depuis cette soirée, notre relation évolua, nourrie par une complicité, par la confiance, mais également par la richesse de nos héritages culturels, deux branches d'un arbre millénaire.

Le foyer qui était le sien était une manifestation vivante de la diaspora juive. Bien qu'elle ait une compréhension du Yiddish par le biais de sa mère, elle éprouvait des difficultés à s'exprimer dans cette langue.

Nos différences culturelles se révélaient être autant de joyaux, contribuant à la richesse de notre relation. Moi, le Français séfarade, ancré dans les terres chaudes et ensoleillées de la péninsule Ibérique, et elle, Française au cœur attaché à ses racines Ashkénazes, arborait une délicate blancheur slave, et dégageait une discrétion et une réserve propres à sa culture.

Chaque rencontre avec nos familles était une occasion de découvrir de nouvelles histoires, de nouvelles traditions.

Ma mère fut très heureuse de me savoir enfin amoureux à vingt-sept ans. Elle avait été initialement surprise par ma liaison qui semblait dévier des chemins familiers séfarades qu'elle avait envisagés. Cependant, très rapidement, elle fut tellement séduite par la personnalité et le charme de Cathy, qu'elle la considéra comme un ajout précieux à notre famille. Nous avions en commun l'essence profonde de notre judéité, nos croyances, nos valeurs et notre histoire commune étaient des liens indestructibles.

En épousant Cathy, j'ai également épousé leur histoire.

Notre union s'est construite rapidement, et, sans tarder, notre première petite princesse Édith a illuminé nos vies de sa présence. Puis, la mélodie douce se prolongeait avec Sarah qui a rejoint notre famille, petite étoile dans la constellation de notre bonheur familial. Aujourd'hui, je contemple ma vie avec gratitude, conscient de la chance qui m'a été donnée de croiser le chemin de mon âme sœur.

Pour elles, chaque jour, mon amour grandit.

Les années passent, et un besoin impérieux d'alléger le fardeau de l'histoire familiale s'empara de Cathy. Elle avait patienté jusqu'à ce que nos enfants atteignent une maturité appropriée avant de partager avec eux le récit éprouvant de ses parents, Raoul et Anna, pendant la douloureuse période de la guerre.

Tout comme sa sœur Léa, Cathy est consciente de ses racines. Leurs parents ont toujours insisté pour que leurs filles soient au courant de leur passé familial et des événements vécus. Elles comprenaient qu'elles avaient la responsabilité de transmettre ces récits aux générations futures, perpétuant ainsi l'héritage mémoriel.

Avec un calme infini, empreint de douceur, Cathy prit le temps de nous plonger dans le récit de ses parents.

Au fil de sa narration, les contours des épreuves traversées par Raoul et Anna se dessinaient avec une clarté saisissante. À travers ses mots empreints d'une profonde empathie, Cathy parvenait à insuffler une vie aux souvenirs du passé. Elle révélait les chapitres douloureux du parcours de ses parents, parfois accompagnés du voile humide de l'émotion, témoignant de la rudesse des épreuves surmontées, nous faisant revivre des moments marqués par la douleur et par une résilience inébranlable.

Ses parents, survivants, doivent leur salut à une famille de paysans de la région normande. Un acte de grâce inattendu au milieu du chaos qui régnait en France pendant l'occupation allemande. Leur histoire avait commencé un soir de bal du 14 juillet, dans cette charmante place du Guignier, nichée dans le Paris de Ménilmontant, vestige d'anciens vergers de cerisiers sauvages d'un joli village. La brise du soir caressait les rues animées de la ville. Les rires se mêlaient à la mélodie d'une valse magnifiquement jouée par un accordéoniste et son orchestre.

Raoul l'avait tout de suite repérée, mince, perchée sur des hauts talons. Elle portait un béret sur une petite frange qui faisait ressortir ses beaux yeux bleus pétillants dans un visage illuminé par le sourire. Sa longue jupe noire et son corsage aux motifs vichy la faisait ressortir du petit groupe qu'elle formait avec ses amis. Dans la foule, leurs regards s'étaient croisés, attirés par une force invisible. Elle le dévisagea un court moment.

Il avait l'élégance des années 1930. Son chapeau de feutre, porté légèrement en arrière, lui donnait une certaine prestance. Son impeccable costume témoignait d'une attention méticuleuse. Comme attirés par des aimants, ils se sont rapprochés et ont dansé sur l'air de « *froufrou* ».

Le temps semblait suspendu, ils ont ri, beaucoup parlé, chaque instant était comme un trésor gravé à tout jamais dans leur mémoire. Les minutes s'étaient transformées en heures. Le temps paraissait se dissoudre autour d'eux, et chaque danse enivrante était une symphonie d'émotions. Ce soir, sous les étoiles scintillantes des feux d'artifices du 14 juillet 1937, ils avaient trouvé l'amour. Leur histoire venait de commencer, composant un récit tissé de bonheur, de complicité et d'amour.

Deux années s'étaient écoulées depuis leur rencontre merveilleuse, et ayant découvert qu'ils partageaient la religion juive, bien que ni l'un ni l'autre ne la pratiquât. Une célébration religieuse fut imposée par la vieille maman d'Anna, qui, malgré ses origines françaises remontant au 19e siècle, attachait une grande importance à la transmission de la loi de Moïse. Malheureusement, elle décéda au cours de cette année-là. Elle était la seule famille d'Anna.

Par fidélité à la promesse de sa mère, Raoul et Anna se marièrent en juin 1939 à la synagogue de la rue de Nazareth, quelques mois avant la déclaration de la guerre à l'Allemagne. Ils habitaient un modeste deux pièces rue de Ménilmontant dans le 20e arrondissement, à deux pas du cimetière du Père Lachaise où ils allaient flâner de temps en temps. Ils menaient une vie simple et heureuse, entourés de leurs voisins et amis, pensant que leur nationalité française les préserverait des lois raciales, mais hélas...

Alfred, le père de Raoul, était veuf depuis de nombreuses années. Sa bien-aimée épouse avait succombé à la maladie alors que leur petit enfant était encore jeune. Il tenait, dans le quartier de Belleville, une petite boutique de cordonnerie qu'il avait ouverte après avoir fui précipitamment l'Allemagne nazie un matin de novembre 1923.

Il avait découvert avec horreur l'inscription "Juif" sur la vitrine de son modeste atelier dans le quartier berlinois du Scheunenviertel, communément appelé le quartier des Granges. Sa décision fut immédiate : quitter le pays le plus rapidement possible. C'était un acte de survie pour échapper à la terreur qui avait envahi leur terre natale.

Les affiches nazies et les uniformes sombres étaient à chaque coin de rue. La menace planait. Il avait rapidement rassemblé quelques affaires, divers outils de travail, le maigre héritage de son père et des photos de son épouse lui rappelant leurs courts moments de bonheur.

Les modestes économies amassées au fil des ans seront son viatique dans sa fuite. Il savait que son choix d'ancrage serait la France, la terre de la liberté, comme il l'avait lu depuis son plus jeune âge dans les livres. La France, avec sa riche histoire de résistance et de lutte pour les Droits de l'homme.

Et puis, combien de fois avait-il entendu cette maxime, "heureux comme un Juif en France" ! C'était réconfortant, une promesse de sécurité.

Aux premières lueurs du jour, tenant la main de son jeune fils Raoul, ils prirent le chemin de l'exil vers la France.

Le vieux père ne se laissa pas abattre, il savait que le chemin serait difficile, mais fort du souvenir de sa femme, et pour Raoul, le fruit de leur amour, il avait l'espoir que des jours meilleurs balaieraient les ombres du passé.

Les années passèrent et l'avenir était inquiétant. Il était à peu près sûr que la guerre éclaterait en Europe. La tension silencieuse qui flottait dans l'air portait les mêmes signes annonciateurs de ce qu'il avait déjà vécu.

La triste répétition.

Raoul était employé comme comptable dans un grand magasin parisien. Aimé et respecté par sa hiérarchie pour sa discrétion et sa compétence, sa vie professionnelle a pris un tournant à la déclaration du statut des juifs en 1941, où sa direction fut contrainte de le licencier.

Anna était au désespoir, leur vie devenait de plus en plus difficile. Isolés et sans argent, ils vivaient sous la menace d'une expulsion imminente de leur logement.

Leur quotidien reposait sur les occasionnels ménages qu'Anna effectuait auprès de la propriétaire de leur immeuble, et les maigres vacations comptables de Raoul, payées misérablement par les profiteurs exploitant cyniquement la situation.

Un soir, Raoul ne voyant pas son père rentrer de son travail, il était parti à sa rencontre. Interrogeant les commerçants voisins, il apprit que son père avait été arrêté et conduit au commissariat du 20ᵉ arrondissement de Paris. Sa panique fut totale et la peur en lui s'était installée.

Une semaine s'était passée sans aucune nouvelle, et sa crainte d'aller se renseigner auprès des autorités était largement justifiée. Sa peine fut immense, quand il apprit que son Papa avait été arrêté et conduit au vélodrome d'hiver.

Leur voisine, Camille Demoy, touchée par leur situation, les avait avertis que dans la journée, des policiers français étaient venus se renseigner afin de recenser les juifs vivant dans l'immeuble, et qu'une voisine n'avait pas hésité à les dénoncer. Elle leur confia les coordonnées de sa sœur, Geneviève, paysanne dans le Vexin, où ils pourraient se réfugier. Ils n'avaient pas attendu la nuit pour fuir.

L'histoire se répétait !

La fuite à travers les villages rappela étrangement à Raoul celle qu'il avait vécue avec son propre père des années auparavant. Les souvenirs engloutis dans sa mémoire semblaient se réveiller avec une vivacité surprenante, comme si le passé et le présent s'entrelaçaient. La répétition de ce scénario tragique lui faisait réaliser l'ironie cruelle du destin. Il fuyait les mêmes êtres à la même idéologie.

Il repensait à son père, à la force qui émanait de lui. Il se rappelait ce moment partagé avec lui, ces moments où la faim, la peur et l'incertitude étaient leurs compagnons constants. Chaque pas sur cette route lui rappelait son passé, mais aussi le futur incertain qui les attendait.

Les parallèles entre les deux fuites de plus d'une décennie paraissaient transcender le temps.

Il se rendait compte que l'histoire avait la fâcheuse tendance à se répéter, que les dictatures et les oppressions pouvaient surgir à travers les générations avec des similitudes troublantes.

Alors qu'ils empruntaient divers chemins, évitant toute rencontre, Raoul se promit de transmettre à sa future descendance les souvenirs douloureux, mais aussi la résilience et la détermination qui avaient déjà permis à son père de le guider vers la liberté. L'Histoire est une invitation à se battre pour un monde meilleur. Cette porte de salut les emmenait vers de braves paysans courageux qui s'étaient dressés contre l'injustice, au mépris des conséquences potentielles de leur acte de résistance.

*

Des Justes.

Geneviève les avait très gentiment accueillis dans un silence rempli de paroles non prononcées. Elle les avait conduits dans une chambre dont on voyait qu'elle avait été aménagée à la hâte. La fatigue se lisait sur leurs visages et très vite, ils trouvèrent le sommeil. Au petit matin, réveillés par le chant du coq, ils firent la connaissance de Georges, le mari de Geneviève. Ils furent surpris par son silence, probablement gêné de ne pas savoir trouver les mots qui convenaient à pareille situation.

Il leur prépara le café et du pain, puis s'en alla toujours sans dire un mot. L'entrée de Geneviève dans la cuisine avait tout de suite détendu l'atmosphère.

Son sourire illuminait la pièce, et les tensions qui s'étaient accumulées au fil des jours semblaient se dissiper. Après s'être inquiétée de leur nuit de sommeil, elle était entrée dans le vif du sujet :

-   Il va nous falloir être très discrets, nous avons peu de passage à la ferme, mais tout de même. Nous vous demandons sous aucun prétexte d'en sortir, le village doit ignorer votre présence. Notre commis nous a quittés il y a moins d'un mois et c'est bien tombé, nous ne serons pas assez de bras pour entretenir la ferme, et puis cela vous occupera.

    J'ai vu que vous avez fait la connaissance de Georges. Mon mari n'est pas très bavard, mais vous verrez, c'est vraiment un chic type. Il ne vous laissera jamais tomber, vous pouvez lui faire confiance.

    Anna, avant tout, dorénavant, tu t'appelleras Josette, ça fait moins, heu…, enfin, tu comprends.

Tu es ma nièce, la fille de ma sœur Antoinette qui habite Guéret dans la Creuse, ça, au cas où nous nous trouvions par infortune en présence de quelqu'un.

Je te laisse la tâche de la maison, tandis que toi, Raoul, tu aideras Georges, il en a bien besoin.

Vous resterez le temps nécessaire, le temps que cette merde finisse par disparaître.

Dans un premier temps, allez-vous changer. Toi, Raoul, tu trouveras les habits du commis dans l'armoire de la grange, ça devrait aller. Pour toi, Josette, je vais te donner de quoi t'habiller, je sais que tu vas nager dans mes vêtements, mais c'est juste le temps de faire quelques retouches.

Geneviève était un rayon de soleil dans ce ciel gris, une oasis de calme et de sérénité au milieu de la tempête. Ses paroles réconfortantes étaient comme des caresses verbales. Son aura positive enveloppait chacun, créant une bulle de sécurité dans laquelle on pouvait se réfugier.

Cette famille de paysans, modeste et humble, était un havre de paix fragile qui représentait une humanité dans un monde d'intolérance et de haine, contre des êtres humains, pour leur seule appartenance au peuple juif.

Les jours gonflaient les mois, et les mois les années, rythmés par le murmure des champs. Les heures de labeur égayées de rires feutrés faisaient oublier la peur rampante. Geneviève et Georges se démenaient pour préserver leur secret, formant un rempart contre la barbarie. L'atmosphère qui autrefois était teintée de stress et d'appréhension se transformait.

Les préoccupations semblaient s'évanouir et les soucis devenaient moins pesants. Loin des yeux indiscrets, loin des horreurs, loin des fracas des bombes, du tumulte et des batailles, Raoul et Anna avaient trouvé une certaine paix dans la simplicité rurale.

Au cours des journées fatigantes, mais tout de même paisibles, installés dans le cocon protecteur de leur ferme normande, il leur arrivait parfois de ressentir un sentiment d'égoïsme dans leur quiétude. Ils étaient bien conscients que la guerre faisait rage et que de nombreux Juifs, semblables à eux, étaient traqués.

Les verts pâturages autour d'eux créaient une illusion de calme qui contrastait cruellement avec la réalité du monde. Les murs épais de la ferme semblaient offrir une protection impénétrable, mais la conscience de la souffrance humaine troublait cette quiétude.

Ce sentiment envahissait leurs pensées. Chaque moment de bonheur était teinté d'une nuance de culpabilité, chaque jour, alors qu'ils cultivaient la terre et soignaient les animaux, la pensée des innocents persécutés les hantait. La douleur de savoir que d'autres souffraient était omniprésente, et ils imaginaient la vie de ceux qui luttaient pour leur survie, cachés, fuyant la terreur nazie.

Au cœur de leur sécurité apparente, une anxiété s'insinuait dans leur cœur. Chaque bruit étrange dans la nuit était une piqûre de conscience, les rappelant à leur condition.

Malgré tous leurs efforts physiques, eux, les citadins non formés aux durs labeurs des champs, se demandaient s'ils en faisaient assez pour mériter la chance qui leur était offerte. Ils firent le vœu solennel de ne jamais oublier la générosité de ces braves paysans modestes, qui risquaient leur propre sécurité pour aider ceux dans la souffrance.

Les saisons passaient, changeant la nature du monde autour d'eux. L'hiver apportait la neige et le froid mordant, et le printemps faisait fleurir les champs, rappelant la persévérance et la renaissance.

Ils découvraient à travers chaque saison la beauté cachée de cette existence éloignée des artifices urbains. La ferme isolée était leur refuge où les souffrances paraissaient lointaines, presque irréelles.

Raoul, auparavant en costume cravate, avait découvert une nouvelle identité en maniant la pelle et la charrue. Ses mains, autrefois impeccables, devenaient rugueuses et caleuses sous l'effort quotidien du travail de la terre. Avec le temps, il était devenu un véritable homme de la campagne.

Anna, quant à elle, avait découvert la saveur des légumes frais cueillis, le parfum de l'herbe coupée et le chant des oiseaux au lever du soleil. Ses doigts fins, qui jadis pianotaient sur des claviers, étaient aussi agiles pour traire les vaches et nourrir le bétail.

Leurs journées s'écoulaient paisiblement. Les matins commençaient avec le chant du coq et se terminaient au coucher du soleil. Ils partageaient avec Geneviève et Georges des repas simples autour de la table de bois, échangeant des sourires bienveillants exprimant la gratitude qu'ils ressentaient pour cette retraite providentielle.

Raoul et Anna sentaient que la menace se rapprochait. Le calme qui enveloppait la ferme semblait fragile, car depuis quelques jours, les visages de Geneviève et de Georges étaient plus graves, même s'ils faisaient tout pour ne pas le montrer.
Anna avait dit à son mari qu'à plusieurs reprises, elle avait surpris Geneviève et Georges changer de conversation à son approche. Les signes étaient subtils, mais perceptibles. Raoul, depuis quelques jours, était persuadé d'avoir entendu les échos d'une activité dans le bois voisin, et lui aussi avait remarqué les conversations étouffées de leurs hôtes.

Un jour, en rentrant du village, Georges avait la mine des mauvais jours. La rumeur se répandait et la ferme isolée n'était plus aussi invisible.

La présence d'étrangers dans le village était dans toutes les conversations. La guerre avait fini par rattraper ces deux âmes en quête de sécurité.

Pour la première fois, Geneviève et Georges avaient perdu leur sourire. Ce soir, le dîner fut avalé en silence, car il fallait vite réfléchir et prendre la bonne décision.

Ils étaient conscients que vivre caché ne pouvait être éternel. Les secrets, même les mieux gardés, finissent toujours par être dévoilés. Les nuits sans sommeil étaient ponctuées par des chuchotements angoissés. Ils discutaient des plans de secours sans vraiment savoir ce qu'ils devaient faire et où aller. Ils savaient que quitter leur havre serait un déchirement, abandonner ce qui était devenu bien plus qu'une simple ferme, mais plutôt un symbole de leur résilience.

Soudain, Fix le chien, s'était mis à aboyer créant un début de panique.

Par la fenêtre, Georges aperçut deux hommes du village qui pénétraient dans la ferme.

Immédiatement, assiettes et couverts furent retirés de la table, et Raoul et Anna s'enfermèrent dans leur chambre, gagnés par la panique.

Deux coups discrets à la porte annonçaient les visiteurs. Georges les connaissait, il y avait là Victor, l'adjoint au maire, et Fernand, le garde champêtre.

Ce moment, ils l'attendaient, ils le redoutaient, ils savaient qu'un jour ou l'autre, il y aurait une fin, mais pas au bout de deux ans.

Une atmosphère de terreur s'abattit sur eux.

Le cœur d'Anna battait si fort qu'elle aurait juré qu'il était audible à travers la porte. De son côté, Raoul était pris de spasmes si violents qui ébranlèrent tout son corps.

Très vite, l'adjoint au maire était rentré dans le vif du sujet, expliquant que leur voisin de la ferme lointaine avait la semaine passée, par un soir de beuverie, raconté avoir vu à plusieurs reprises un homme, proche de leur champ, tapi derrière un bosquet épiant leur ferme. Il n'en fallait pas plus pour alimenter les rumeurs. Il fallait faire vite, car le risque d'une dénonciation n'était pas à écarter.

Raoul et Anna sortirent de leur chambre, et les deux nouveaux venus ne semblaient pas être surpris par leurs présences.

Anne et Raoul avaient compris que leur séjour avait pris fin et qu'ils ne devaient plus faire peser sur cette brave famille, le risque d'une arrestation, voire d'une mort certaine pour avoir défié les ordres de l'occupant.

Fernand, le garde champêtre, était perçu par les villageois comme quelqu'un de "simple d'esprit", mais en vérité, sous cette façade se dissimulait un tout autre homme au caractère bien plus complexe. Il possédait un courage remarquable et une détermination hors du commun. Geneviève et Georges furent surpris de le découvrir sous cet angle.

De suite, il dévoila qu'il avait depuis peu intégré un nouveau réseau clandestin composé de femmes et d'hommes issus d'horizons différents, qui avait pour but d'aider les juifs et les résistants à échapper aux griffes du régime nazi en les faisant passer en zone libre.

Il avoua que pour le réseau, ce serait la première fois et qu'il leur fallait un minimum de 48 heures pour organiser la fuite.

Cependant, Raoul et Anna devaient quitter la ferme.

Il leur proposa la cabane dans laquelle il entreposait ses outils ; elle était isolée, mais présentait tout de même quelques risques.

Le regard de Georges était triste quant à Geneviève, des larmes coulaient sur ses joues claires. Ils n'avaient pas d'autre choix que de leur faire confiance. Très vite, les maigres affaires étaient rassemblées, et les adieux furent émouvants.

L'inquiétude et la peur empêchaient de trouver les justes mots de remerciement envers cette famille qui, malgré les dangers, avait compris que la véritable richesse et le vrai sens de la vie résidaient dans l'entraide et la solidarité.

Leur périple pour regagner la Zone libre était semé de difficultés. Chaque étape était une épreuve, car les routes étaient surveillées de près.

Fernand les avait accompagnés jusque dans la Vienne où on les confia à un homme d'un autre réseau clandestin. Le mental de cet homme était exceptionnel, il avait un don remarquable pour la discrétion et la ruse.

À maintes reprises, il laissait le groupe caché en forêt pour aller se fondre dans la foule d'un village afin d'y recueillir de précieuses informations, notamment sur les points de contrôle, et d'y acheter quelques provisions.

Ils voyageaient souvent de nuit, profitant de l'obscurité pour se camoufler, avançant lentement, en silence, retenant leur souffle et les battements de leur cœur.

Les conditions étaient précaires. Le manque de nourriture, de vêtements chauds était une épreuve quotidienne et ils étaient épuisés par les kilomètres parcourus et par la tension constante. Chaque passage coûtait un prix exorbitant, mais en avaient-ils le choix ?

À chaque étape, il y avait des relayeurs. Chaque fois, une appréhension difficile à maîtriser s'emparait d'eux, car la menace de traîtres planait toujours. La crainte de l'arrestation et de la dénonciation transformait l'angoisse en une réalité palpable, les plongeant dans un état de vulnérabilité constant.

Les Nazis étaient impitoyables dans leur traque des juifs.

Finalement, après plusieurs semaines d'errance, ils atteignirent la zone libre. Ils avaient survécu à un périple difficile, mais leur voyage n'était pas terminé, la France leur faisait peur, ils étaient sûrs que les Allemands envahiraient un jour ou l'autre cette zone. Leur prochaine étape serait l'Afrique du Nord, pour peut-être y reconstruire un avenir sans peur, sans persécution, et qu'ils pourraient guérir des traumatismes subis.

Ils prirent un bateau pour l'Algérie, le seul département français en Afrique du Nord, attendant la libération et la fin de la guerre, où enfin, ils fondèrent leur famille. Cathy et Léa ont grandi en entendant les récits de leurs parents, les persécutions et les traumatismes, gardant très peu de photos qui témoignent de leur passé.

Cette histoire est une partie importante de l'identité de mon épouse, qui l'a rendue fière de sa famille et de son héritage juif. Son grand regret est celui de la perte de son nom d'origine, que ses parents ont amputé à la fin de la guerre, le transformant de Bernaïm en Bern.
Elle dit souvent à nos enfants et petits-enfants sa fierté d'enfant juive née après la guerre, de pouvoir pratiquer sa religion en toute liberté, d'avoir la responsabilité de transmettre l'histoire importante de son identité et de préserver la mémoire. Elle explique aussi l'importance de la tolérance, de la compassion, de la résilience dans l'adversité.

Les années ont passé, et de retour en terre de France, Raoul et Anna avaient tenu à retrouver Geneviève et Georges Demoy, mais hélas, le destin en avait décidé autrement. Ils avaient quitté ce monde quelques années après la guerre.

Lorsque Raoul et Anna franchirent le seuil de leur ancien immeuble, l'émotion fut si intense que les larmes se mirent à couler sans retenue. Camille, dans son modeste foyer où le temps semblait s'être arrêté, les avait accueillies avec une tendresse infinie. Sans un mot, elle ouvrit grand les bras, comme si ce moment de retrouvaille était programmé.

Le décor n'avait pas changé. Toujours célibataire, Camille avait ouvert son cœur à un jeune orphelin de guerre, perpétuant ainsi l'héritage de générosité et d'humanité des Demoy.

La voisine qui nous avait dénoncé habitait toujours l'immeuble, mais elle ne sortait quasi plus de son appartement. La solitude avait peu à peu grignoté son âme. La libération lui avait laissé quelques traces.

Les héros ne sont pas destinés à rester éternellement dans l'ombre. Camille nous a appris que la Gestapo avait découvert les activités de Fernand. Il avait été arrêté et soumis à des interrogatoires brutaux. Il refusa de trahir les noms de ses complices et de ceux qui lui avaient fait confiance. Son silence l'avait conduit à la mort.

Son sacrifice ne serait pas oublié.

Notre rencontre fut un véritable déferlement d'émotions. Les souvenirs se bousculaient, les rires et les larmes se mêlaient dans un tourbillon de sentiments. Devant nous se dressait le témoignage vivant d'une famille au grand cœur, portant en elle la richesse infinie de l'amour inconditionnel.

******

Chapitre - III

Bienvenue en Israël !

-       **M**onsieur, monsieur, vous allez bien ?

La voix du serveur du café l'*Étoile de mer* a brisé le charme de ma longue somnolence.

Que me disait-il ?

Dans quelle langue s'exprimait-il ?

Il m'avait légèrement secoué l'épaule, aurait-il eu peur qu'il me soit arrivé quelque chose ?

Puis, il s'adressa à moi dans un impeccable français :

-       Monsieur, vous m'avez fait peur, cela fait plus d'une demi-heure que je vous ai servi et vous êtes en plein soleil ! Vous avez dû vous endormir, je vais vous apporter un verre d'eau fraîche, cela va vous faire du bien.

Il m'a fallu un moment pour émerger de ma torpeur et comprendre où j'étais en observant sur la table la bouteille de Coca-Cola, devenue imbuvable.

Je m'étais laissé emporter dans une douce somnolence, plongé par le doux ronronnement de la mer.

Mes pensées, comme des vagues lointaines, avaient erré sur tous mes souvenirs du passé et les péripéties qui ont tracé notre chemin jusqu'ici.

- Merci monsieur, je vais bien. Je ne pensais pas m'endormir aussi profondément. Toda*.

Mon réveil fut accompagné d'une légère angoisse et d'incertitude, éveillant des doutes et des questionnements sur notre avenir dans ce pays.

Tel un funambule émotionnel, je naviguais entre l'excitation joyeuse d'être présent et l'appréhension d'un avenir que nous reconstruisions à nos âges.

Mon timide *toda*, probablement bredouillé avec un fort accent français à l'attention du jeune et serviable serveur qui, tout naturellement, avait remplacé ma bouteille de Coca-Cola, me ramena à la réalité.

La langue !

Cet art subtil de la communication se présentait comme une épreuve supplémentaire à surmonter.
À nos âges, cela n'était pas acquis d'avance.

Même les simples mots fraîchement acquis semblaient se dérober à notre mémoire vieillissante.

La plage s'est progressivement animée. Le soleil caressait le sable doré et la mer scintillait sous les rayons du soleil.

Sous une légère brise, les passionnés de raquettes, infatigables, se sont multipliés, créant une joyeuse cacophonie sportive.
L'atmosphère, imprégnée de rires et d'énergie positive, enveloppait le rivage, créant une toile vivante de plaisirs estivaux.

*(toda = merci)

Nos enfants ont scellé leur destin conjugal ; Édith a trouvé l'épanouissement aux côtés de Maxime, un homme exceptionnel travaillant au service informatique dans une grande banque anglaise. Claire, le fruit de leur amour, rayonne dans leur vie et se révèle être le parfait sosie de sa grand-mère Cathy.

Quant à Sarah, elle a rencontré Jonathan, l'élu de son cœur.

De cette union belle et solide ont émergé trois joyaux.

L'aînée, Anna, porte le doux prénom de sa grand-mère en guise d'hommage, le deuxième, Maurice, honore la mémoire de mon père, et enfin, le dernier répond au nom de Benjamin.

Désormais, chaque moment éloigné d'eux représente une épreuve, et nous nous interrogeons sur leur bien-être.

L'amour envers nos proches reste intemporel, mais la peine de la séparation perdure malgré tout.

Chers enfants et petits-enfants, à travers ces lignes, je ressens le besoin profond de vous présenter mes excuses, mes pensées se tournent vers vous avec une sincérité débordante. Il m'est difficile de ne pas ressentir le poids de la distance, et je ne peux m'empêcher de ressentir une peine persistante, une tristesse douce-amère face à l'idée que nos chemins se sont éloignés plus que je ne l'aurais souhaité.

Les occasions manquées, les moments partagés à travers les écrans, sont autant de rappels de cette séparation qui, bien que nécessaire, pèse à mon cœur. Si seulement je pouvais vous envelopper de câlins, partager des sourires complices autour d'une table, et être présent pour vous guider à travers les défis de la vie.

À travers ces mots, je vous offre mon amour inconditionnel et mes excuses pour cette distance entre nous.

*

L'intégration.

En dépit de nos âges, et contrairement à nos suppositions, notre arrivée à l'aéroport Ben Gourion fut chaleureuse. Les représentants de l'Agence juive, agissant au nom de l'État, nous réservèrent un accueil honorifique et nous souhaitèrent la bienvenue dans le pays.

Bien que cette réception ait dissipé certaines de nos inquiétudes, il subsistait néanmoins une appréhension quant à la manière dont nous serions perçus par la société israélienne.

Le gros des formalités administratives avait été soigneusement orchestré dans les bureaux de la capitale parisienne.

Les autorités, dans leur souci administratif bienveillant, avaient pris soin d'enrichir cette cérémonie protocolaire avec diverses informations sur les formalités à venir. C'est à ce moment-là que nos nouvelles cartes d'identité, porteuses de futures aventures, nous furent remises avec solennité.

Marqués par l'encre officielle, ils témoignent des étapes franchies et des promesses futures.

Ils trônaient désormais entre nos mains, symboles de notre future vie.

Deux mois avant notre Alyah, j'avais entrepris seul la quête d'un appartement à louer, et heureusement, cela n'avait pas été trop difficile.

Nous avons choisi de nous établir dans la ville quasi francophone de Netanya, l'une des plus importantes villes d'Israël, à moins de trente kilomètres de la capitale. Surnommée *"la Côte d'azur israélienne"*, en raison de ses douze kilomètres de plage et de son ensoleillement les trois quarts de l'année.

Les poignées de mains et les accolades avaient clôturé cette mini-cérémonie. Tout s'était déroulé de manière fluide jusqu'au dépôt de nos bagages par le chauffeur de taxi devant le seuil de notre appartement.

Le logement trouvé, un modeste trois pièces, avait besoin d'être rafraîchi, mais cela fera partie de nos prochaines occupations. Il se situait à proximité du bord de mer et de la place centrale appelée *"Kikar"**, lieu de rassemblement des Français de cette ville, et à deux pas du tristement célèbre hôtel, le *Park Hôtel. **

À notre entrée, une émotion nous avait envahis, vite balayée par un frisson, car l'intérieur était à la fois humide et glacial par l'absence de moyen de chauffage. Une caractéristique régionale où les hivers n'ont pas la froideur stricte de l'Europe.

Nos valises abandonnées en hâte, nous n'avions pour l'instant qu'un seul désir à ce moment-là : plonger dans un sommeil réparateur. Cependant, malgré notre épuisement après une journée qui semblait interminable, le repos se transformait en une véritable épreuve. Le lit, aux draps froids, jouait à cache-cache avec nos rêves, et la tranquillité que nous espérions tant, se moquait de nous dans le silence de la nuit.

Nos esprits revisitaient sans relâche les moments forts de la journée, nous laissant dans un état de questionnement incessant quant à la réalité de tout cela.

Cependant, la présence sur la table des documents étalés agissait comme un rappel implacable à la réalité.

** (Kikar : place)*

**(Le 27 mars 2002, un attentat sanglant fut perpétré la veille de la Pâques juive, par des terroristes se revendiquant d'une faction armée affiliée au Hamas. Les conséquences furent terribles, : trente tués et plus de cent quarante personnes blessées, principalement des ressortissants français. Cet attentat demeure l'un des plus meurtriers que le pays ait connus).*

Cette journée d'intégration laissera à jamais une empreinte indélébile dans nos mémoires. Elle fut à la fois éreintante et enivrante, avec une forte montée en émotion.

Dès demain, une nouvelle vie commencerait.

Les sonorités matinales de la ville nous ont réveillés impitoyablement à six heures du matin, car, dans ce pays, pour éviter la forte chaleur, même les journées de travail prennent leur café bien tôt ! Le nôtre, nous avons choisi de le prendre sur la place centrale, face à la mer et à la plage principale, dans un des agréables cafés animés de l'aube jusqu'à tard dans la soirée. Curieusement, alors que l'endroit est franchement idyllique, la bonne odeur du café me rappelle le petit bistrot d'en bas de chez moi où je me rendais pour y faire mon loto.

Les souvenirs sont tenaces...

Cathy m'interroge sur le programme à venir.

-        Chéri, tu penses que l'on arrivera à s'en sortir ?

-        Mais oui, Cathy, donne-moi le dossier.

Nous examinons feuille par feuille nos futures démarches administratives dans le dossier Pack d'immigration qui fait de nous maintenant, des *"olim hadashim"**.
Jamais je n'aurais imaginé que nos existences nous mèneraient vers le chemin de l'immigration !
Ça y est, le mot est lâché, Immigration.

-        Cathy, en dehors de notre rendez-vous à la banque pour ouvrir le compte qui permettra au service d'immigration de nous verser les premières indemnités, aujourd'hui, c'est restaurant et balade dans les rues de la ville.

** (Olim hadashim : nouveaux immigrants)*

Notre ville ; Netanya.

Netanya accueille près d'un tiers de francophones, une considération cruciale, car comme beaucoup d'immigrants, nous redoutions la barrière linguistique.

La ville, comme le pays, n'échappe pas à une expansion sans précédent pour faire face à l'afflux de nouveaux immigrants du monde entier. Cette frénésie immobilière est si intense, qu'elle donne au pays l'image d'un chantier en construction permanente, entre l'émergence de nouvelles villes et la métamorphose des anciennes. Il suffit de parcourir le pays pour prendre conscience de cette effervescence urbaine.

Les imposantes grues mécaniques se dressent fièrement dans le ciel, symboles de l'ambition démesurée qui anime chaque chantier. Les immeubles sortent de terre comme des champignons, et les anciennes routes, témoins d'un passé riche en histoire, se transforment en autoroute à plusieurs voies.

Une curiosité toute particulière se dessine à travers chaque ville d'Israël, arborant son propre caractère distinctif et son héritage unique. Passer d'une ville à une autre, c'est presque changer de pays tant le décor est différent.

Si Jérusalem est incontestablement marquée comme la ville antique par excellence, témoignant d'une histoire millénaire empreinte de spiritualité et de conflits, Tel Aviv incarne quant à elle une modernité effervescente qui en fait l'une des cités les plus jeunes et les plus dynamiques au monde. Surnommée la "ville qui ne dort jamais", elle éclate d'une énergie vibrante et d'une créativité débordante. Ses gratte-ciel scintillants s'élèvent vers le ciel azur, témoignant de la vitalité économique et culturelle qui anime cette métropole en constante évolution.

Tel Aviv rivalise désormais avec les grandes capitales mondiales telles que Londres, Paris, New York ou Tokyo, attirant les esprits les plus brillants et les âmes les plus audacieuses.

Mais Tel Aviv ne se limite pas à être simplement une métropole moderne. C'est aussi un melting-pot bouillonnant de diversité culturelle, où les traditions séculaires côtoient les tendances les plus avant-gardistes. Ses plages baignées de soleil sont le théâtre de rencontres et d'échanges entre personnes de toutes origines, reflétant la richesse et la complexité de la société israélienne.

À quelques kilomètres de Tel-Aviv, se dresse la ville de Ra'ananna, véritable pôle technologique des plus avancés au monde. Ce creuset de créativité rencontre l'excellence pour façonner le monde de demain. La ville héberge les plus grands performeurs de la planète Hi-Tech, tels que Microsoft, IBM, Google, Intel, Nvidia, Facebook et quantité d'autres.

Les inventions sont nombreuses et couvrent tous les domaines, de la science à l'espace, de l'informatique au militaire, en passant par la santé et les applications pratiques.

C'est d'ici que des inventions ont vu le jour, telles que *Waze*, le système de guidage international, le *ReWalk*, un exosquelette qui devrait permettre aux paraplégiques de pouvoir un jour marcher, *Le Augmedics*, un casque qui utilise la réalité augmentée pour transformer un scanner en image 3D et aider les chirurgiens lors des interventions rachidiennes, *Le dôme de fer*, cette technologie militaire qui affiche un taux de réussite de 90 % dans l'interception des roquettes ennemies, des vaccins à ARN-messager pour combattre la COVID-19, l'appareil d'IA d'OrCam, qui offre aux personnes aveugles la possibilité de "voir" leur environnement, ou encore, pour les pays au climat aride, la technologie de produire de l'eau à partir de l'air.

De nos jours, bon nombre de ces inventions ont intégré notre quotidien, améliorant ainsi la vie de millions de personnes à travers le monde. Ces inventions captivent l'attention du monde entier et ont un impact sur la façon dont nous vivons et interagissons avec notre environnement. Israël se positionne comme un leader, occupant la troisième place mondiale de l'innovation, repoussant sans cesse les limites de ce qui est possible en ouvrant de nouvelles perspectives pour l'avenir.

Parmi les nombreuses innovations, une entreprise avait attiré l'attention par l'imbrication faite entre commerce et politique : Soda Stream.

Réputée pour son brevet écologique permettant de transformer l'eau plate en eau gazeuse, ainsi que pour sa politique sociale exemplaire considérée comme un « modèle d'intégration », l'entreprise employait 1300 personnes : 500 Palestiniens, 450 Arabes israéliens et 350 Juifs israéliens, tous bénéficiant des mêmes salaires et conditions sociales. Cependant, une campagne mondiale, menée par le mouvement anti-israélien BDS, favorable au boycottage économique, avait contesté son implantation à Maalé Adoumim, estimée illégitime.

Le résultat de cette action a été paradoxal : la campagne a conduit à la fermeture de l'usine et au licenciement des ouvriers Palestiniens, les plongeant ainsi dans le chômage.
Ce dénouement soulève des questions complexes sur l'impact des initiatives de boycott et sur les conséquences économiques et humaines pour les populations locales impliquées.

(Les salaires perçus étaient quatre à cinq fois supérieurs par rapport aux salaires moyens dans les territoires contrôlés par l'Autorité palestinienne)

(BDS : boycott, désinvestissement et sanctions est une campagne qui a pour objectif de mettre fin à l'occupation et à la colonisation par Israël des territoires palestiniens).

Parmi ces villes aux histoires et aux caractères particuliers, il y a Beer-Shev'a, plateforme centrale du pays. Cette cité archéologique, occupée par l'homme depuis le troisième millénaire avant J-C, se dresse telle une oasis de mémoire dans le désert aride du Néguev. Son nom même, "Sept puits, ou puits d'Abraham", évoque le récit biblique de la Genèse, rappelant la persévérance et la résilience des peuples qui ont façonné cette terre inhospitalière.
Pourtant, malgré cette richesse historique, Beer-Shev'a ne se fige pas dans le passé ; au contraire, elle embrasse l'innovation, le progrès et les technologies de pointe qui cohabitent.
La ville accueille la célèbre université Ben Gourion et plusieurs grandes écoles d'ingénieurs qui offrent aux élèves, juifs et bédouins, des enseignements supérieurs dans diverses filières.

À quelques kilomètres de là, à la pointe du désert du Néguev, surgit une tout autre réalité, Éilat, ville moderne née de l'audace et de l'ambition. Station balnéaire réputée entre les montagnes du désert du Néguev et la mer Rouge, elle abrite les luxueux hôtels des grands groupes hôteliers internationaux.
Les plages de sable fin attirent les voyageurs en quête de détente, tandis que les infrastructures ultramodernes offrent un confort et des services dignes des plus grandes métropoles.
Les récifs coralliens et les milliers de poissons du golfe d'Éilat, font de ce lieu un spot de plongée apprécié aussi bien par les plongeurs confirmés que par les débutants qui peuvent, par exemple, nager avec des dauphins en liberté au *Dolphin Reef*.

Je reste frappé par cette diversité entre Histoire, tradition et modernité. En parcourant ces villes, je suis transporté à travers les âges, entre les vestiges du passé et les élans du présent.

Cette fusion des époques, cette cohabitation entre tradition et innovation, est le reflet si particulier de ce pays.

Je m'en veux de mon ignorance, de cette vision étriquée que j'avais de ce pays si riche en histoire. Pendant tant d'années, Israël n'était pour moi qu'une terre peuplée de récits bibliques et de souvenirs de vacances.

Mais plus je découvre intimement ce pays, et plus je m'émerveille devant la diversité de ses habitants, témoins vivants d'une histoire millénaire. Leurs sourires chaleureux et leur hospitalité réchauffent mon cœur et dissipent les préjugés qui auraient pu obscurcir ma vision.

Israël, bien plus qu'une destination de carte postale, est un miroir de l'humanité, où se reflètent les joies et les peines, les espoirs et les désespoirs.

Et dans cette découverte, je trouve une paix profonde, un sentiment d'appartenance à quelque chose de plus grand que moi-même. Oui, je m'en veux de mon ignorance passée, mais je me réjouis de chaque instant passé à découvrir ce pays fascinant, à apprendre de son histoire et à me laisser émouvoir par sa beauté intemporelle.

Netanya, notre nouvelle ville d'adoption, n'échappe pas à cet esprit urbain. Fondée en 1929, cette région, autrefois marécageuse, a vu de nombreux immigrants perdre la vie, emportés par les ravages du choléra et du paludisme. Aujourd'hui, grâce à ces pionniers, cette région est une des terres les plus fertiles du pays. Les marais mortels, transformés en terres arables, offrent les plus beaux agrumes du pays, en particulier les oranges, emblème de la ville.

Certains quartiers, comme des gardiens attentifs, préservent jalousement leur patrimoine historique.

Chaque pierre respire le respect pour le passé, et chaque bâtiment raconte une histoire, comme le mythique cinéma Esther* en bord de plage qui avait joué un rôle important de 1946 à 1949 aux réfugiés qui avaient survécu à l'horreur de la Shoah.

Dès le lever du jour, la ville s'anime. Boutiques, cafés et restaurants accueillent leurs premiers clients.
À l'heure du déjeuner, et malgré le nombre impressionnant d'établissements, les tables sont souvent prises d'assaut. Choisir où s'installer relève un peu du flair solaire, car tout est question de timing par rapport à l'ensoleillement. C'est comme jouer à cache-cache avec les rayons du soleil, mais quand on trouve le spot parfait, on a déniché le trésor (enfin, presque).

Fréquemment, l'Israélien choisit de délaisser le confort de son chez-soi pour l'effervescence des cafés animés et des restaurants exquis. Gourmand de bonnes choses, sa joie de vivre s'exprime même à travers une simple assiette de crudités colorées par la variété des légumes.
La ville offre de magnifiques journées ensoleillées incitant les résidents et les visiteurs à savourer les attraits de la ville.

*(Cinéma Esther : Niché entre les vagues et le sable, le cinéma servait de portail clandestin pour l'entrée des réfugiés Juifs détenus dans des camps d'internement à Chypre administrés par les Britanniques, dont leur politique était de limiter l'entrée des juifs et d'imposer des quotas d'immigration stricts en Palestine.53000 juifs, survivants de la Shoah ont été détenus dans ces camps.
Sous les auspices de l'organisation sioniste la Haganah, branche du Mossad, de petites embarcations les amenaient jusqu'à la plage, et discrètement, par une entrée dissimulée, les réfugiés se mêlaient à la foule complice.
Ils étaient accueillis par des membres de l'organisation qui, à la fin de la séance, formaient artificiellement des couples et des familles et se dispersaient dans la nature. Ainsi, grâce à la complicité de ce cinéma, de nombreux juifs ont ainsi pu entrer en Israël).

Cependant, en raison de son emplacement autrefois marécageux, l'humidité rend parfois l'atmosphère moins confortable. Les habitants apprécient cette diversité climatique qui apporte une touche spéciale à la vie quotidienne, entre moments de fraîcheur bienvenus et chaleur cuisante, caractéristique de la région.

Les ruelles résonnent du brouhaha incessant de conversations déjantées et sans filtres. Les passants, comme s'ils étaient en train de participer à un festival de stand-up, accrochés à leurs indispensables portables, jonglent entre les appels et les sonneries de téléphone, créant une symphonie qui rivalise avec le meilleur des concerts. C'est presque comme une bataille de décibels où les smartphones sont les stars incontestées.

Touristes, passants pressés ou flâneurs, et même les nombreux pigeons, semblent s'entraîner à leur propre numéro comique.

Au carrefour de l'avenue principale, Hayim Weizman, l'axe routier important qui mène vers les autoroutes côtières, c'est comme entrer en zone de turbulence. La rue devient alors un véritable terrain de jeu où le coude à coude est la règle, et tous participent à cette effervescence comme des figurants involontaires d'une comédie urbaine.

Au bout de cette place face à la mer, l'avenue commerciale bouillonnante Herzl, du nom du fondateur du mouvement sioniste, attire tous les jours de nombreux clients.

Cathy et moi aimons beaucoup marcher et la ville nous offre le plaisir d'un contraste distrayant. Ces moments délectables sont des bulles pétillantes et légères. C'est comme si le temps ralentissait un instant, pour une pause bien méritée de l'esprit parfois trop encombré. Un moment à flâner sans but précis, nous arrêtant là où cela nous chante pour un repas léger ou une délicieuse glace.

Des instants magiques qui s'invitent doucement pour accueillir notre farniente.

Nos premiers jours ont été intenses en raison des démarches pratiques. Cependant, malgré un système d'intégration des étrangers bien huilé et malgré les efforts de part et d'autre, nous rencontrons occasionnellement des barrières invisibles un peu rébarbatives.

La société israélienne s'efforce de gommer toute différence culturelle grâce au socle de l'école et de l'armée qui sont un ciment, mais pour nous, modestes arrivants tout droit sortis d'Europe, l'énigme de la bureaucratie israélienne est un vrai mystère que nous tentons de déchiffrer !

Dans cette aventure administrative, l'issue est un peu une loterie cosmique. La magie peut vous propulser au purgatoire des formulaires en un clin d'œil.

C'est comme si la logique prenait des vacances. Les administrés connaissent bien cette farce dans laquelle votre demande dépend de la personne chargée du dossier.

Même avec des règles de procédures solides comme le roc, c'est le grand bal des humeurs de l'employé en charge.

Ajoutez à cela la barrière linguistique, c'est comme une chasse au trésor, sans carte et avec un GPS qui vous guide en langue extraterrestre.

Bonne chance, car dans ce cas, il est inutile d'insister.

Il vaut mieux revenir !

Mais en général, la solution est toujours trouvée et ces petits tracas se transforment en anecdotes, car l'important réside en l'espoir de tomber sur LA personne adéquate, qui ne sera pas forcément des plus souriantes, mais qui détiendra le sésame administratif.

Je me souviens de cette rencontre lors de ma demande d'inscription au permis de conduire.

En entrant dans le service, je me suis retrouvé face à une file d'attente digne des meilleures attractions de Disneyland.
Mon numéro de ticket de la grande loterie bureaucratique en main, confortablement assis, j'observais avec curiosité le ballet incessant des fonctionnaires derrière les guichets, tasse de thé ou de café au lait à la main, parlant fort entre eux de tous sujets, sans grande discrétion.

Au bout d'une heure, calme comme un moine Zen, un agent m'informa de mon erreur. Par étourderie, j'avais pris le mauvais ticket. Mon attente redémarrait à zéro !

Mon voisin de siège, à la barbe imposante et au sourire bienveillant, tentait d'apaiser mon discret agacement.

- Vous êtes nouveau ici, n'est-ce pas ?

- Oui, depuis un mois.

- Et vous êtes sans aucun doute Français ?

- Comment le savez-vous ?

- Cela se voit comme le nez au milieu de la figure, vous êtes calme et patient. Vous me rappelez, moi, il y a huit ans de cela. Moi aussi, je viens de France, j'habitais la banlieue de Lyon. Les premiers temps sont un peu durs, n'est-ce pas ?

- Oui, je le reconnais.

- Je vous ai observé, vous vous êtes trompé de ticket, et pourtant, vous attendez votre tour comme si vous veniez d'arriver.

- Avais-je un autre choix ?

- Adopter la stratégie de ceux qui dans le public rivalisent d'ingéniosité pour gagner quelques précieuses secondes.

Par exemple, vous voyez au guichet 3 : Regardez cette dame âgée assise face à l'employée, et qui se trouve interrompue par un intrus culotté debout derrière elle.

- Mais c'est fou, pourquoi la fonctionnaire ne lui dit pas de s'asseoir et d'attendre son tour comme tout le monde ?

Mon voisin hocha sa tête, frotta sa barbe de ses mains calleuses et éclata de rire ;

- Oh, mon ami, vous n'avez encore rien vu !
Ah ça y est, c'est enfin votre tour, guichet 4, et bon courage, l'ami !

Je m'étais précipité pour prendre place face à une dame d'un certain âge qui m'accueillit avec un large sourire, et sans même attendre mon bonjour, me dressa la liste des documents à remplir et à fournir.

- Pour votre dossier, inscrivez ici le numéro de votre *"téhoudat zéhout"**. Il faut joindre la photocopie de votre permis de conduire français, trois photos d'identité, et ici, vous pouvez sourire sur les photos, pas comme en France !

Un certificat médical physique et un autre pour la vue, le tout complété par un chèque de trois cents shekels. Quand vous aurez tout ça, vous pouvez revenir demain ou après-demain, seulement le matin. Nous serons ravis de vous aider à ce moment-là.

- Mais madame, je suis déjà venu la semaine passée, et je viens pour déposer le dossier.
- Pourquoi vous ne l'avez pas dit tout de suite ?

**(téhoudat zéhout, PNI au numéro unique, qui suit à vie tout Israélien dans ses démarches administratives, médicales, commerciales, judiciaires, etc...)*

J'étais resté "scotché" devant cette charmante dame aux cheveux gris, qui, sans même m'en laisser le temps, m'avait d'autorité placé en position de faiblesse. Son naturel m'avait laissé sans voix, et malgré la situation, je la trouvais agréable. Ses beaux yeux bleus, derrière ses lunettes posées sur le bout du nez, me fixaient comme si j'étais un adolescent.

- Ah, je vois que l'opticien n'a pas signé la feuille ! Le Bureau principal risque de rejeter votre dossier.

Une soudaine angoisse m'avait envahi, il fallait bien qu'un couac arrive. Bon-sang, je m'en voulais de ne pas avoir vérifié la feuille. Cependant, très vite, elle reprit la parole :

- Écoutez, je ne vais pas vous faire revenir une troisième fois. Vous m'avez l'air un peu perdu. Alors voilà le plan : vous faites signer le document, puis vous revenez directement me voir, ou mieux encore, vous me le faxez pour demain matin. Oui, oui, je sais, un fax. Ça existe encore ! D'ici là, tâchez de ne pas vous perdre en route et faites comme tous les Israéliens, eux savent toujours où aller !

Décidément, ce petit bout de femme a du caractère. Je l'avais chaleureusement remercié pour la souplesse dont elle faisait preuve.

À la sortie, je croisais l'homme à la grosse barbe en discussion animée avec une autre personne.

À ma vue, il me demanda comment cela s'était passé, en ajoutant que je n'avais pas eu de chance d'être tombé sur la fonctionnaire la plus tatillonne. Il fut surpris de ma réponse, et il éclata d'un rire puissant et indiscret.

- Sérieux ! Vous n'avez pas eu de problème ?
  Vous voyez, c'est comme ça que les choses se passent ici. Parfois bien, parfois moins bien. Vous vous y habituerez !

  Bienvenue en Israël !

Arrivé chez moi, prêt à accueillir le climatiseur réversible que j'avais commandé la veille, je trouve le technicien déjà sur place. Avec enthousiasme, il se mit au travail, déterminé à faire de mon appartement un havre de fraîcheur.

Alors que je scrutais attentivement chacun de ses gestes, je ne pus m'empêcher de remarquer qu'il posait le climatiseur légèrement de travers. Je lui en fis part un peu à la manière d'un arbitre pointilleux.

- "Excusez-moi, Monsieur, mais le climatiseur n'est pas parfaitement droit, non ?"

Le technicien, impassible, jeta un coup d'œil rapide au climatiseur qui penchait légèrement comme une tour de Pise miniature. Il haussa les épaules avec un sourire espiègle.

- "Ah, vous êtes bien un Français, toujours précis et maniaque" ! Mais franchement, est-ce vraiment important qu'il soit parfaitement droit ? L'essentiel, c'est qu'il fonctionne, non ?

Cette nonchalance, propre aux Israéliens, reflète une attitude dans laquelle les détails sont en retrait. Leur existence est façonnée par des préoccupations bien plus capitales, reléguant le reste au statut de banalités.

Pour eux, la vie est tissée de défis perpétuels pour affronter les réalités complexes qui définissent leur quotidien, et la minutie est souvent reléguée au second plan.

J'avoue que sa réplique m'a laissé sans voix, il avait probablement raison, après tout. Finalement, j'ai choisi de céder à ce pragmatisme. C'est donc avec un haussement d'épaules que j'ai laissé le technicien terminer son œuvre, prêt à accueillir mon nouveau partenaire, avec son air penché.

*

Chaque petit pas ressemble à une victoire, que ce soit pour saluer, dire au revoir ou même commander un simple café, mais dès qu'on s'aventure dans une conversation, la réalité nous frappe de plein fouet et nous catapulte au niveau zéro de la communication.

Et que dire de notre Anglais, dédaigné au cours de nos années de lycée, nous isolant du reste du monde. Merci à notre système éducatif français. Nos tentatives pour nous exprimer sont entravées par des verbes et des pronoms qui semblent avoir conclu un pacte diabolique pour se liguer contre nous.

De temps en temps, ô miracle ! nous étions compris.

C'est à se demander s'ils avaient un manuel secret pour décoder nos tentatives de conversations. Mais nous tenions bon, munis de notre courage et de notre arme secrète, l'indispensable smartphone prêt à dégainer Google Translate à la moindre incertitude linguistique.

De vrais aventuriers du monde moderne.

Pas d'autre choix ne se posait que d'apprendre la langue de manière scolaire et méthodique.

Nous nous sommes donc héroïquement lancés dans l'Oulpan*, le programme d'apprentissage de l'hébreu que l'État offre gracieusement avec le "pack de bienvenue".

Trois niveaux sont proposés, la classe des débutants, la classe des moyens et la classe de ceux qui maîtrisent le vocabulaire et tentent de le parfaire. Prêts à relever le défi, les tests nous orientaient vers nos futures classes.

Ayant quelques notions de lecture et d'écriture en poche, j'intégrai le niveau B. Quant à Cathy, le niveau débutant serait le sien.

**(Oulpan, institut d'apprentissage intensif de l'hébreu.)*

C'est sans doute une des premières et merveilleuses réussites de la création d'Israël par Theodor Herzl et Ben-Gourion, d'avoir imposé une langue commune et officielle pour les Juifs du monde entier. On avait d'abord pensé à l'anglais, à l'espagnol, la langue la plus parlée dans le monde, éventuellement le Yiddish ou le judéo-arabe.

Très vite, l'hébreu s'imposa.

Ils savaient qu'une intégration réussie passerait par une langue commune, liée à notre histoire.

L'hébreu, l'une des langues les plus anciennes du monde, était autrefois la langue de la Bible et de la littérature juive. Longtemps considérée comme morte, à l'instar du latin, du grec, de l'araméen et de bien d'autres, elle a connu une renaissance extraordinaire, grâce à la détermination et à la passion des pères fondateurs.

Après des siècles d'exil et de dispersion, elle avait perdu sa vitalité et était principalement utilisée dans le contexte religieux. Le rêve de voir l'hébreu reprendre sa place en tant que langue vivante fut central dans l'histoire du sionisme, et beaucoup d'efforts déployés pour le moderniser et l'adapter à un usage commun.

L'immigration massive de juifs du monde entier a contribué à sa renaissance comme langue moderne.

Aujourd'hui, l'hébreu est une langue vivante, parlée et écrite dans la vie quotidienne, les médias, l'éducation, la littérature et l'administration.

Il est fascinant de voir la manière dont elle a pu renaitre de ses cendres et devenir le ciment d'une nation moderne. Elle est un hommage à la persévérance du peuple juif. Elle rappelle au monde que même les langues mortes peuvent retrouver vie si elles sont nourries par le désir de préserver un héritage.

À partir de là, un ambitieux programme mondial a également été mis en place dans les pays où les juifs envisageaient d'émigrer vers l'État d'Israël.

Sur place, des enseignants spécialement formés dispensent aux intéressés l'équivalent de cinq cents heures de cours, donnant en fin de cycle un diplôme qui permet un début d'insertion dans la vie du pays.

Pour ma part, j'entamais mon troisième mois dans une classe d'environ vingt personnes d'âges et d'horizons différents. C'était un véritable melting-pot, mais avec cependant une nette majorité de russophones. Extrêmement travailleurs et déterminés, ils représentaient plus de la moitié de l'effectif et leur objectif était clair : décrocher des postes administratifs. On aurait dit qu'ils avaient un plan d'invasion pacifique de l'administration.

Ensuite, il y avait nous, les Français, soit approximativement un quart de la classe, et enfin le reste venu des quatre coins du globe. C'était un peu comme une réunion des Nations Unies, mais version salle de classe.

Je m'accrochais avec difficulté, tel un alpiniste novice tentant de gravir l'Everest en tongs et en short, car maîtriser une nouvelle langue à nos âges n'est pas simple. Parfois, mon cerveau se mettait en mode" page en cours de chargement".

Les mots sortaient dans le désordre, les temps se mélangeaient comme des fruits dans une centrifugeuse, telle une salade linguistique indigeste.

Parfois, je me demandais si je ne serais pas mieux à la plage.

Pour Cathy, les subtilités de l'écriture, les nuances des mots, les mélodies des sons et les structures grammaticales la plongeaient dans un état de découragement, faisant de l'apprentissage un défi apparemment insurmontable.

Malgré sa persévérance innée, elle finit par jeter l'éponge après seulement quelques semaines. L'ampleur de la tâche qui se dressait devant elle était lourde à surmonter et sa décision souligne la complexité de ce parcours linguistique à nos âges.

J'avais remarqué que l'esprit de Cathy était ailleurs. Jongler avec les défis linguistiques n'était pas la priorité du moment.
Les trois mois de séparation avaient sérieusement affecté son moral. Une solitude profonde s'était installée dans son cœur, et ce manque la rendait malheureuse.
Le besoin de revoir nos enfants et nos petits-enfants était grand, un voyage s'imposait.

J'étais resté seul en raison de l'impératif de ma présence aux cours de langue. Sans trop lui avouer, je vivais également mal cet éloignement.

*

Aujourd'hui est un grand jour, Cathy est de retour. Pour la retrouver après trois semaines de séparation, j'ai astiqué la maison afin d'effacer les preuves de négligence de l'homme seul. J'ai fait les courses, acheté plus qu'il n'en fallait, et bien sûr, pris un énorme bouquet de fleurs digne du jardin d'Éden. Je me dirigeai vers l'aéroport, excité comme un enfant attendant son cadeau.

Cathy a certainement dû se régaler de nos petits-enfants. Je suis convaincu que ces trois semaines avec ces tourbillons d'énergie ont dû lui redonner une bonne dose de vitalité.
Je l'appelais tous les jours, et parfois plusieurs fois par jour.
À chaque fois, elle semblait de plus en plus heureuse, mais avec ce tact, cette délicatesse de ne pas me faire ressentir la moindre culpabilité de mon absence auprès d'eux.
Chaque conversation téléphonique était un instant précieux, un lien fragile, mais solide qui nous reliait malgré la distance. Cathy me racontait avec enthousiasme les escapades des enfants, leurs rires qui résonnaient dans la maison, leurs découvertes et leurs jeux sans fin. Elle décrivait avec tant de vivacité les moments partagés, que je pouvais presque les sentir à mes côtés.

Je me sentais à la fois reconnaissant et coupable. Reconnaissant de pouvoir compter sur une compagne aussi exceptionnelle, qui assumait pleinement son rôle de grand-mère avec tant d'amour et de dévouement. Coupable de ne pas être présent à ses côtés, de manquer ces moments précieux qui façonnent les liens familiaux et forgent les souvenirs.
Pourtant, à chaque fin de journée, je me réconfortais en me disant que mon amour et mon soutien étaient toujours présents, même à travers la distance, et je savais que Cathy le ressentait à travers chaque appel.

D'ici à quelques instants, j'aurai le bonheur de serrer Cathy dans mes bras. Je sens déjà mon cœur battre un peu plus fort à l'idée de retrouver son sourire, ses yeux pétillants et sa douce voix qui résonne comme une mélodie familière. Avec elle, chaque instant est une aventure, chaque échange est une histoire à raconter et à partager, et là, je sais qu'elle va certainement me transporter où chaque moment est une anecdote à raconter.

Je suis conscient qu'elle va jouer la carte de la pudeur et passer sous silence les moments où son cœur s'était serré en les quittant.

Elle préférerait taire ses émotions pour ne pas me causer de la peine. Mais je connais bien ses façons : sous ses airs détachés, je sais qu'elle pleurera en douceur et en silence dans son oreiller, car je suis conscient qu'elle va rapidement retomber dans sa dépendance affective à l'égard de nos petits diablotins.

On ne peut pas lutter contre l'appel des petits bouts de chou, n'est-ce pas ?

*

Pourim.

Demain, ce sera la fête de Pourim, symbole du miracle du peuple juif sauvé d'extermination. Dans le monde entier, nous célébrons cet épisode heureux, celui d'Esther, une femme ordinaire au destin extraordinaire.

Née dans une famille juive modeste, Esther grandit dans les rues animées de la ville de Suze, au cœur de l'empire perse, gouverné par le puissant roi Assuérus.
Orpheline, elle fut élevée par son oncle Mordékhaï, un homme sage et respecté. Elle était magnifiquement belle et son intelligence dépassait sa beauté.
Éduquée dans la foi, elle était profondément attachée à ses racines juives, malgré les défis d'une vie en exil.

Sa vie avait pris un tournant inattendu lorsque le puissant roi Perse, qui régnait sur les cent vingt-sept provinces de son empire, organisa un concours de beauté.
Le roi, à sa rencontre, fut immédiatement séduit par le charme et la beauté d'Esther, il en fit sa favorite et lui offrit le trône en remplacement de la reine du moment.

Dans les coulisses du palais, le grand vizir, au nom d'Amman, avait la convoitise de l'empire perse. Il avait mis au point un stratagème accusant les Juifs et obtenu du roi un décret ordonnant leur extermination.

Un jour, par le biais de son oncle, Esther eut vent du complot imminent qui visait à l'élimination du roi organisé par son vizir. Avec le soutien de son oncle, elle organisa un énorme banquet au cours duquel elle informa le roi de ce qui se tramait en y apportant les preuves.

Elle dévoila ses origines, malgré les risques considérables que cela impliquait, et plaida la cause de son peuple.

Le Roi, bouleversé par la révélation et l'héroïsme d'Esther, fit pendre Amman et ses fils complices.

Il annula le décret, et la vie d'Esther, ainsi que celle de son peuple, fut sauvée.

Depuis, chaque année, en Israël comme dans la diaspora, de nombreuses manifestations de joie sont organisées à l'occasion de cette fête, mettant à l'honneur les enfants déguisés, rois du moment.

Le déguisement est important, car il reflète le symbole de la transgression et de la liberté du peuple juif, et pour les plus orthodoxes, il est relié à Esther, qui dut cacher son identité à son époux.

Des danses et des chants sont organisés dans tout le pays. L'humeur est à la fête, cafés et restaurants sont bondés, on distribue des friandises dans les rues, sans oublier les incontournables beignets aux mille saveurs.

Quant à nous, nous sommes remplis d'émotion et de fierté d'être exceptionnellement présents et de vivre cet évènement pour la première fois en Israël.

*

Jérusalem, l'Histoire.

Lundi, nous avions décidé de nous promener dans la vieille ville de Jérusalem. Il est coutumier de se rendre dans cette capitale religieuse plus de trois fois millénaire.

Le trajet est assez long sur cette autoroute en fin de construction. Heureusement, le confort des bus adoucit le voyage. La route sinueuse entre Tel-Aviv et Jérusalem, progressivement remplacée par des tronçons d'autoroute aux larges voies, nous dévoile un décor tantôt agricole, tantôt montagneux et boisé.

Sur le côté, des carcasses de blindés volontairement laissés sur place témoignent de la bataille acharnée que l'armée de Tsahal a menée en 1948 pour reconquérir la ville sous contrôle jordanien, où toute présence juive était alors interdite.

Dès l'entrée, la ville nous accueille avec un immense panneau de bienvenue. Au niveau de la gare routière, on est immédiatement plongé dans le tourbillon d'une ville en perpétuelle construction, où se mêlent cris et klaxons.

Les conducteurs pensent avoir trouvé LA solution miracle pour améliorer la circulation.

Le ballet des piétons, courant dans tous les sens, semble suivre une chorégraphie étrange, mais bien orchestrée.

Il fait très chaud. Il semblerait que l'altitude de la ville, à sept-cent-cinquante mètres, la rapproche des rayons du soleil.

La circulation est dense et les multiples chantiers engendrent des embouteillages massifs, aggravés en partie par l'afflux de nombreux bus touristiques venant de divers horizons.

La ville possède un climat méditerranéen, chaud et sec en journée et frais en soirée. Seuls quelques mois en hiver sont un peu humides, particulièrement en février, où surviennent plus de la moitié des précipitations annuelles, avec parfois de belles tombées de neige.

Située sur les hautes collines en bordure du désert de Judée, la partie orientale caresse un ciel tissé de foi, d'histoire et de mystère, qui s'ouvre sur le Mont des Oliviers, endroit sacré cité plusieurs fois dans la Bible et dans les saintes écritures. Lien vénéré par les trois grandes religions monothéistes, ce lieu de lumière est un lieu d'espoir, d'union et de connexion au divin, pour toutes les âmes pieuses.

Pour les Juifs, le Mont des Oliviers est le témoin de leur histoire. Il est imprégné des prières des prophètes qui contemplaient la ville sainte de Jérusalem depuis ses hauteurs. C'est là que le roi Salomon érigea le premier Temple. Le Mont des Oliviers est un rappel constant de la promesse divine au peuple d'Israël qu'il résiderait sur cette terre.

La partie la plus frappante de son versant est l'historique cimetière, probablement le plus ancien au monde avec ses cent cinquante mille tombes. Ouvert aux visiteurs, il est une des curiosités de Jérusalem. Selon la prophétie, c'est sur le Mont des Oliviers que le Messie ressuscitera les morts.

Pour les Chrétiens, il est associé à la crucifixion et à la résurrection de Jésus-Christ. C'est ici que Jésus enseigna à ses disciples, c'est ici qu'il pria dans l'agonie et c'est ici qu'il monta au ciel. Parsemé d'églises qui rappellent son passage. La plus vénérée, étant l'église de Toutes-les-Nations, le lieu où il a prié pour la dernière fois.

Pour les musulmans, le Mont est un lieu d'attente. Ses tombes et ses minarets sont tendus vers le ciel, tendus vers la promesse divine dans l'attente du retour du Messie, marquant la fin des temps.

Ainsi, le Mont des Oliviers incarne l'unité des trois religions.
Il est le symbole de la foi partagée, le lieu où les croyants se rassemblent. Les oliviers centenaires témoignent de la sagesse et de la paix, dons de D.ieu à tous les hommes.

Jérusalem, la cité aux mille visages qui repose sur des fondations plus anciennes que le temps lui-même.
Les pierres qui la composent portent les souvenirs des siècles passés, des civilisations disparues et le poids des rêves et des prières de millions d'âmes. Chacune des pierres taillées avec dévotion raconte une histoire.

Patiemment extraites des montagnes de Judée, elles sont le lien entre le passé et le présent, car à Jérusalem, aucun édifice ne peut être construit avec d'autres matériaux.
Elles forment un mélange unique, allant du blanc lumineux au rose très pâle. Douces au toucher, elles gardent la mémoire, depuis les temps immémoriaux du passage des pèlerins, des prophètes, des rois et des conquérants, venus de loin pour se recueillir devant le Mur des Lamentations, le Dôme du Rocher ou le Saint-Sépulcre.

Jérusalem, ville de paix, mais aussi de conflit, reflet de la complexité humaine, imprégnée de l'histoire tourmentée de l'humanité, en quête éternelle de sens et de spiritualité, est le témoin des larmes versées et des prières murmurées pour elle. Elle se distingue véritablement par le croisement des différentes religions qui se mêlent et parfois se confrontent.

En ce lieu, les cloches des églises entrent en compétition avec les appels des muezzins, et au loin, au son du schofar sonné près du Mur des Lamentations.

Une fois arrivés dans la vieille cité, nous franchissons les portes du souk, lieu singulier où se mêlent les parfums envoûtants, les mélodies captivantes et la palette éclatante des couleurs orientales.

Ce marché ancestral, aussi vieux que la ville elle-même, est niché au cœur de la vieille cité. Dans un dédale de ruelles aux pavés et polis par les millénaires, aux passages couverts par endroits, s'étale une variété infinie de marchandises.

Chaque mur des rues de cette ville sacrée est un reflet du passé, un témoin du temps et de l'âme de ceux qui l'ont construite et reconstruite au fil des siècles. On s'y perd facilement et c'est ce qui en fait le charme. On y découvre des boutiques et des ateliers cachés, où des artisans travaillent la matière pour créer des objets d'art uniques et authentiques, à la différence du chemin principal, qui propose aux touristes naïfs des babioles venues d'Asie.

La majorité des boutiques sont tenues par la population arabe, musulmane ou chrétienne. Les étals, soigneusement alignés, offrent une profusion de couleurs et de textures qui captivent les passants.

L'ambiance de cet endroit peut parfois se transformer en un instant en scènes de tension. La présence constante de l'armée israélienne vise à garantir la tranquillité et la sécurité des passants, soulignant ainsi les enjeux délicats autour de ce lieu dynamique.

Après un contrôle sécuritaire, nous pénétrons sur l'immense esplanade grouillant de touristes et de fidèles venus prier au Kotel*.

L'émotion nous saisit à chaque venue. Pénétrer ce lieu, c'est pénétrer notre Histoire. Voir et toucher les blocs de pierres du temple ressource notre corps et notre âme. Tous ressentent la même profonde émotion, comme si nous étions connectés à l'histoire ancienne de notre peuple, ressentant autour de nous la présence de nos ancêtres.

Nous tombons en pleine cérémonie d'une Bar-Mitsva. Un enfant est porté sur les épaules de son père, entouré d'une famille heureuse. Les chants emplissaient l'air, c'est un jour de célébration important qui marque le passage d'un adolescent vers l'âge d'adulte, un jour où la joie déborde de chaque cœur présent. La famille qui nous est inconnue nous ouvrit les portes de leur bonheur.

Le Rabbin prit la parole avec solennité, rappelant les enseignements anciens et les valeurs qui guideraient le chemin du jeune homme. Puis vint le moment de la lecture de la Torah : s'approchant du rouleau sacré, de sa voix timide et tremblante. Il commença à lire avec justesse et clarté. Les mots porteurs d'un héritage séculaire résonnaient dans nos âmes.

À la fin de la lecture, les youyous traditionnels se mêlèrent aux larmes de joie des femmes que nous apercevions derrière la cloison séparant les hommes des femmes.

Les applaudissements emplissaient l'atmosphère d'une émotion indescriptible, tandis qu'au loin, au pied du mur, indifférents à cette agitation, des fidèles priaient, d'autres pleuraient, créant ce lien immuable entre le ciel et la terre.

*(Kotel ; appelé communément le Mur des Lamentations).

Nous nous approchâmes lentement de ces pierres ancestrales, conscients de la sainteté de cet endroit, où le ciel et la terre se rejoignent. Les pierres usées témoignent des siècles d'histoires, de dévotion et de douleur. Chaque fissure, chaque aspérité raconte une histoire et porte le poids des pleurs et des espoirs des générations présentes et passées.

Ma main tremblante se dirige vers le mur, comme si j'allais toucher l'invisible et effleurer la présence divine. Mes doigts caressent les pierres froides, mais je ressens une onde de chaleur qui me traverse, une connexion profonde entre moi et l'infini.

Je glisse ma prière écrite sur un petit bout de papier dans un interstice du mur parmi des milliers d'autres.

Je ferme les yeux et je m'abandonne à la solennité du lieu, murmurant au vent ma prière et la mêlant à celles des autres âmes. Je prends conscience qu'autour de moi, ce rituel n'est pas uniquement celui de juifs ou de croyants.

Je lève les yeux au-dessus de moi, le ciel bleu s'étend parsemé de nuages blancs comme des messagers célestes, espérant des réponses à mes demandes. J'ai alors senti une paix profonde m'envahir, une certitude que mes prières étaient entendues.
Je restais là, immobile, hors du temps, imprégné du mystère de ce lieu sacré qui me donnait le courage d'affronter les défis de la vie. Puis, finalement, j'ai reculé lentement, faisant toujours face au mur, relâchant ma prise sur les pierres sacrées, retenant pour un moment cette communion avec l'infini.

Jérusalem est magique, cette ville est magique et on comprend pourquoi elle est considérée comme l'un des joyaux les plus précieux au monde.

À l'entrée de la Cité historique, nous rencontrons Joseph, un vieux guide de métier qui nous propose l'Histoire de la ville.

Par notre culture, nous pensions avoir suffisamment de connaissances, mais il trouva les justes arguments qui nous avaient convaincu de l'écouter, même si son exposé nous avait semblé un peu trop académique :

-   Mesdames, Messieurs, s'informer sur Jérusalem, c'est non seulement mieux comprendre l'identité juive, mais aussi élargir nos horizons.

Il est certain que la connaissance historique aurait sûrement permis une approche différente sur le conflit au Proche-Orient, mais l'Histoire n'est pas figée, elle peut être une source d'inspiration pour un meilleur avenir.

Appelée autrefois royaume d'Israël puis royaume de Juda, elle fut le théâtre de plusieurs conquêtes qui conduisirent les Juifs à l'exil dans le monde entier.

Aucune ville au monde ne fut autant convoitée, assiégée, pillée, spoliée et meurtrière envers ses habitants.

Tous les empires, les Assyriens, Romains, Grecs, Perses, Byzantins, Mongols, Ottomans et Chrétiens, par le biais des Croisades, ont tour à tour occupé et imposé leurs lois à cette cité et à ses habitants.

Cette métropole, témoin des tourments de l'Histoire, a enduré des périodes de grandeur et de décadence. Chaque nouvel occupant laisse sa marque sur les rues labyrinthiques et sur les monuments qui racontent des récits variés de domination et de résistance.

Les ruelles pavées ont été foulées par des civilisations disparues depuis longtemps, mais la ville a persisté, résiliente. Les murailles de cette cité ont vu défiler des armées colossales.

Les sièges, tantôt victorieux, tantôt désespérés, ont façonné le destin de la ville et de ses citoyens, laissant derrière eux de nombreuses cicatrices, dont la plus douloureuse fut la destruction du Temple et l'exode forcé des Juifs, pris comme esclaves.

Les trésors culturels ont été pillés, les richesses spoliées, et les vies humaines sacrifiées au nom de la gloire éphémère des conquérants.

Pourtant, malgré les multiples dominations, les Juifs ont continué à résister, à préserver leur identité unique.

Aujourd'hui, cette cité est un phénix qui renaît de ses cendres à maintes reprises, un témoignage vivant de la persévérance humaine.

Chaque pierre de ses monuments, chaque rue étroite, porte les stigmates des conflits passés, mais également le poids de la richesse culturelle accumulée au fil des siècles.

Les actes passés sont nombreux et importants. Plusieurs ouvrages existent sur le sujet, mais je souhaiterais simplement vous donner quelques dates essentielles qui font de Jérusalem la ville la plus importante pour un Juif.

C'est au 10ᵉ siècle av. J-C que Jérusalem a vu le début de son histoire avec l'arrivée des Juifs venant du Sinaï.

C'était la période du règne du roi David qui fit, de la petite cité cananéenne soumise aux pharaons, la capitale de son royaume. Son prédécesseur, le roi Saul, fut désigné comme premier roi des Juifs sur la Terre promise depuis le 15ᵉ siècle.

De nombreuses civilisations se sont inscrites dans le parcours biblique de cette ville. Mais les dernières dates de son Histoire éclaireront les esprits les plus embrumés.

En 1914, lors du début de la Première Guerre mondiale. Les Ottomans, alliés de l'Allemagne, expulsent les consuls de la Triple Entente (France, Royaume-Uni, Russie).

En 1917, les accords Sykes-Picot démembrent la zone proche-orientale de l'empire Ottoman. Le maire de Jérusalem, Kudüs i-Shérif en turc, remet les clefs de la ville au général britannique Allenby. (Le mandat britannique ira jusqu'en 1947).

En 1920, des émeutes éclatent entre les communautés juives et arabes.

1921 : Contrôle de Jérusalem par le grand mufti de Jérusalem, Mohamed Amine Al-Husseini.

En 1923, le Royaume-Uni reçoit de la Société des Nations (SDN) un mandat pour gouverner la Palestine.

En 1929, de violentes émeutes éclatent à propos du droit de passage des pèlerins juifs vers le Kotel, un droit que les Arabes interdirent à tous les juifs. Le bilan est lourd, 135 juifs et 136 arabes tués.

En 1936, le Grand Mufti de Jérusalem organise une révolte contre les autorités britanniques. Farouche allié des nazis, il rencontre Hitler et appelle les Arabes à s'allier à la cause allemande. Il fut exilé par les Britanniques.

En 1939, publication du 3e Livre Blanc britannique, limitant à 75.000 personnes l'immigration juive en Palestine.

En 1948, * première des guerres israélo-arabes qui aboutit à la déclaration d'indépendance de l'État d'Israël, proclamée par Ben Gourion. La ville juive, trois fois millénaire, est divisée entre Jérusalem Est, sous contrôle jordanien, et Jérusalem Ouest, située dans le territoire israélien.

*(Le nom de Palestine fut attribué au territoire de Judée par l'empereur romain Hadrien comme mesure punitive à la révolte juive en 135 après. J.-C.
Encore dans la première moitié du 20e siècle, les Juifs étaient appelés Palestiniens. C'est à partir de cette date que la signification du terme "Palestinien" et de "Palestine" a cessé d'être associée aux Juifs et a commencé à désigner, de manière incorrecte, les Bédouins venus de Jordanie.

Le Grand Mufti de Jérusalem dirige un camp palestinien, mais perd toute influence après la débâcle palestinienne.

Sa collaboration avec les Nazis, son antisémitisme et sa négation de la Shoah feront de lui un paria sur la scène internationale.

En 1951, assassinat du roi Abdallah de Jordanie à la sortie de la mosquée al-Aqsa par un Palestinien, opposé au contrôle jordanien de la partie arabe de la Palestine.

En 1967, au cœur de la guerre des Six Jours, Israël prend le contrôle de la vieille ville, annexée depuis 1948 par les troupes jordaniennes, et autorise l'entrée des Juifs.

En 1980, le Parlement israélien, (la Knesset), proclame Jérusalem capitale éternelle et indivisible de l'État d'Israël.

Ce très sympathique guide nous avait transportés dans un voyage captivant. Sa connaissance a enrichi nos âmes et élargi nos horizons au-delà de la foi et comblé nos lacunes.

Nous quittons Joseph, notre guide, pour une libre promenade, chargée de ses paroles qui résonnent encore dans nos têtes.

Toutes ces guerres, ces conquêtes et ces invasions dans ces ruelles qui continuent de vivre et de prospérer. Nous imaginons cette ville qui a vu des prophètes, des rois et des saints des trois religions monothéistes, dont les murs sont imprégnés d'histoire et de tradition, de prières et de bénédictions, témoins de l'humanité. Je ne pensais pas être à ce point encore fasciné, comme au jour de ma première venue dans cette ville. On a l'impression à chaque visite de tout redécouvrir.

Nous avons rejoint la porte de Damas pour emprunter un bus, car nous voulions nous rendre dans le quartier orthodoxe de Méa-Shéarim. Un des plus vieux quartiers de Jérusalem, où vivent et travaillent la majorité des religieux de la ville.

Dans le bus qui était censé nous y emmener, une étrange sensation nous avait envahis. Tous les regards étaient fixés sur nous. Nous venons de nous apercevoir que nous avons pris la direction vers les territoires palestiniens, et notre peur devait se lire sur nos visages.

Un vieux monsieur enturbanné s'était approché de nous, et d'une voix calme et douce, s'était adressé à nous dans un arabe dit "littéraire", dont heureusement, j'en avais quelques notions :

-   Vous êtes juifs, mais pas d'ici, n'est-ce pas ? Savez-vous qu'il est dangereux pour vous d'emprunter ce bus ? Et pour votre sécurité, je vous conseille de descendre au prochain arrêt et de reprendre le chemin inverse.

Je lui avouais que nous nous étions trompés, et le remerciais pour son conseil.

À l'arrêt de la station, nous étions réellement effrayés, car nous étions seuls, parmi une foule de Palestiniens qui nous dévisageaient. L'arrivée du bus du retour nous avait replacés sur notre itinéraire.

Cet épisode a réveillé en moi plusieurs interrogations.

Qu'est-ce qui nous a séparés ?

Il n'y a pas si longtemps, les relations étaient étroites entre Juifs et Musulmans. Ce vieux Monsieur, en nous alertant, avait fait preuve de bienveillance à notre égard. Les fraternités existaient et existent encore aujourd'hui entre personnes de bonnes volontés.

J'ai l'intime conviction que les deux peuples peuvent cohabiter, mais j'ai surtout la certitude qu'une des causes majeures provient de pays radicalisés, mais également par des conseils et des intérêts mal avisés, d'un Occident aux antipodes de la mentalité et de la subtilité orientale.

Enfin, nous arrivons dans un des quartiers le plus vieux et le plus emblématique de Jérusalem, Méa-Shéarim qui abrite une importante communauté de juifs orthodoxes.

Dès que l'on y pénètre, nous sommes saisis, happés par une marée humaine et bouillonnante.

Les hommes consacrent de longues heures à l'étude des textes sacrés, la religion étant au centre de leur vie quotidienne, vêtus de longs manteaux noirs et coiffés de chapeaux laissant apparaitre leurs péots*, déambulent dans les ruelles étroites. Les femmes enveloppées de longues robes, leurs cheveux dissimulés sous des perruques, marchent d'un pas pressé.

C'est un tableau saisissant, où les traditions semblent inchangées. Les rues regorgent de commerces. Les odeurs se mêlent de parfums sucrés et aux effluves épicées des fallafels*.

Le tumulte des voix résonne en permanence et chaque conversation paraît être un débat passionné.

La propreté de ce quartier est, il faut l'admettre, discutable, en raison de la population qui s'y presse. Pourtant, malgré la foule et l'apparente négligence, il y a une beauté authentique à ce quartier.

Leur isolement de la société laïque est relatif : ils contribuent à la vie économique et apportent une richesse à la diversité culturelle de Jérusalem, qui est depuis toujours la ville la plus importante pour les Juifs du monde.

(péot, mèches de cheveux de chaque côté du visage, typiques des hommes juifs orthodoxes, qui ont coutume de les porter pendantes ou derrière les oreilles, à partir de l'âge de trois ans).

(Les fallafels, spécialité culinaire levantine très répandue au Proche-Orient, constituée de boulettes de pois chiches broyés et mélangés à diverses épices, frites dans l'huile, servies le plus souvent dans un pain pita.)

Nous marchons, Cathy et moi, parmi l'impressionnante foule, évitant tout contact pour ne pas choquer. Un couple se tenant par la main ou les épaules n'est pas bien vu.

Nous pénétrons dans une minuscule librairie, car je cherchais un livre bien spécifique sur le shabbat. La boutique était en contrebas, et un religieux se tenait derrière son comptoir.

À la vue de Cathy, il détourna son regard sur le côté. Nous avons immédiatement compris que la présence d'une femme n'était pas conforme à ses principes, malgré sa tenue pourtant décente. Choquée et vexée, Cathy sortit immédiatement de la boutique et j'en fis de même. J'avais de la peine pour mon épouse, elle, qui porte le fardeau d'une histoire probablement commune avec cet homme, mais sur qui les principes ont pris le dessus.
Cet homme ne méritait pas notre argent !

L'une des principales attractions, aussi bien pour les touristes que pour les habitants de la ville, est le marché M'ahané Yéhouda. L'historique de ce marché remonte à l'époque ottomane où des commerçants arabes formèrent un début de bazar. Aujourd'hui, ce marché est l'incontournable lieu pour acheter des produits frais et goûter aux produits issus des différentes cultures.

Pains yéménites, bonbons irakiens, halva turc, etc. Les allées grouillantes de monde et principalement de marchands aux accents variés, Israéliens, Palestiniens, Arméniens, Yéménites.

Nous nous arrêtâmes dans un de ces petits restaurants qui font découvrir la meilleure cuisine traditionnelle du pays.

Chargés de victuailles, nous prenons le chemin de retour, en nous promettant de revenir pour voir ou revoir d'autres lieux incontournables qui font de Jérusalem un endroit si unique sur la terre.

Jérusalem est bien plus qu'une ville de pierres, c'est le miroir de l'histoire d'un peuple.

Derrière la vitre du bus qui nous ramène vers Tel Aviv, nous observons ses collines rougeoyantes dans le soleil couchant.

Jérusalem, à bientôt.

*

Sharon.

En ce jour de Shabbat, le 11 janvier 2014, la rumeur du décès d'Ariel Sharon, ex-premier ministre après huit ans dans le coma, se répand comme une traînée de poudre.

Surnommé le Bulldozer, cet homme qui fut le héros de toutes les guerres, était profondément respecté pour l'amour qu'il avait pour son pays. Adulé par la majorité des habitants, cet homme cristallisait toutes les critiques portées sur l'État hébreu et principalement venant de France.

Rien ne lui était pardonné, notamment, sur sa gestion de la bande de Gaza. Sa décision unilatérale d'abandonner cette bande de terre, contre l'avis d'une majorité de la classe politique, voulant démontrer au Conseil de sécurité qui n'avait de cesse de condamner « l'occupation illégale » de Gaza, où, pourtant, historiquement, les juifs y vivaient depuis des milliers d'années, que cela n'arrêtera en rien le cycle de violence, l'objectif des uns étant l'évincement de tous les juifs de leurs terres.

Si l'avenir lui a donné raison, car Gaza n'a jamais cessé ses hostilités. Aucun pays représenté au Conseil de sécurité, même les plus en pointe à réclamer ce départ préalable à un processus de paix, n'a reconnu ni salué ce courage qui devait, aux dires des détracteurs, être annonciateur d'une paix. Il avait chèrement payé l'abandon de cette région, provoquant au sein de la population un profond traumatisme.

Il est intéressant de noter que, malgré le retrait total de la bande de Gaza, certaines organisations continuent d'accuser Israël de l'occuper !

**

Chapitre - IV

Les territoires perdus.

La semaine de la Pâques juive approchait, et, comme pour contredire la tradition séculaire de prononcer la phrase ; *" l'année prochaine à Jérusalem"*, nous décidâmes de passer les fêtes en famille, à Paris.

Nos valises chargées de cadeaux, nous débarquons le 13 mars, à l'aéroport Charles de Gaulle, sous la neige.

Paris était paré de son beau manteau blanc.

Nous sommes saisis par le froid glacial, décontenancés par le décalage de température. Il y a encore quelques heures, j'étais en bras de chemise.
Malgré les recommandations de nos enfants, nous n'avions pas prévu assez de vêtements chauds.

Cathy avait déjà eu l'opportunité de revenir, mais pour moi, je ressentis soudain combien ma famille m'avait manqué.

Les larmes se mêlaient aux rires, tandis que mon épouse me faisait remarquer combien nos petits enfants avaient grandi et changé. Mais ce que je remarquais le plus était sa mine et son regard joyeux, elle revivait. Les retrouvailles avec la famille furent un mélange de chaleur et l'occasion de mille questions.

Édith et Sara voulaient tout savoir sur nos conditions de vie en Israël. Leurs yeux pétillaient de curiosité, mais on percevait néanmoins une légère incertitude dans leurs regards.
Leurs doutes étaient compréhensibles. Pour elles, notre vie était un saut dans le vide qui les inquiétait un peu.

Les discussions tournaient autour de notre quotidien. Édith et Sarah, très habituées à nous, semblaient étonnées par nos réponses ; Jérusalem, les rues animées de Tel-Aviv, les marchés aux épices aux odeurs enivrantes, les plages baignées par le soleil méditerranéen, tout cela n'était qu'une carte postale.

Étaient-elles déçues par notre choix d'une nouvelle vie, ou bien ressentaient-elles simplement de l'incompréhension ?

Il était difficile de le dire, mais leurs gentilles questions révélaient une certaine réserve, une réticence à accepter pleinement nos changements.

Malgré nos efforts pour dépeindre notre nouvelle vie, nos mots paraissaient se perdre dans le vide de leurs doutes. Elles restaient là, devant nous, leurs regards empreints d'incertitude et de questionnements, cherchant à comprendre notre choix de cette nouvelle vie.

- Maman, Papa, avez-vous des amis ?
  Le temps n'est pas trop long pour vous ?
  Comment occupez-vous vos journées" ?

Malgré son sourire, Cathy ne put retenir quelques larmes et les enfants y virent un malaise.

Je me souviens que lors de l'une de nos conversations avant notre départ, nous avions même évoqué l'espoir d'un regroupement de toute la famille.

Comme si elles avaient lu dans mes pensées, la réponse fut immédiate, d'abord par Édith.

- Papa, notre pays est ici. Nous avons toutes les deux vu le jour en France, de même que nos maris et nos enfants. Nous ne pouvons pas tout laisser tomber pour nous lancer dans l'inconnu.

- Mes enfants, j'entends bien ce que vous me dites, mais nous avons tellement peur pour vous et pour vos enfants. La télévision nous informe que la situation est tendue. Nous sommes tous lucides et nous savons bien que les choses n'iront pas en s'améliorant. Nous sommes inquiets. Et toi, Sarah, quel est ton avis ?

- Papa, nous avons pris la décision avec Jonathan de déménager vers une ville plus tranquille, plus sécurisée.
  Nous avons trouvé un appartement proche du bois de Vincennes, cela devrait se faire le mois prochain. Nous avons déjà scolarisé nos enfants dans une école privée juive afin de leur assurer un maximum de sécurité.
  Nous ignorons comment nous allons nous en sortir financièrement, mais tant pis, nous sommes prêts à des sacrifices pour leur avenir. Et d'ailleurs, Édith et Maxime sont en recherche active pour nous suivre.

Nos enfants, conscients de la situation, avaient décidé que pour le moment leur avenir était ici, sur leur terre natale, en qui ils gardaient confiance, mais comme tant d'autres, ils s'imposaient un exil à l'intérieur du pays, avec toutes les conséquences que cela engendrerait dans leur vie.

" L'Alyah interne !"

Les Juifs abandonnaient certaines communes au délitement programmé pour d'autres plus apaisées, qui offraient une meilleure sécurité.

L'illustration la plus marquante est le département de la Seine-Saint-Denis, qui au fil des décennies a complètement perdu son caractère d'accueil et de paisible tranquillité pour de nombreuses familles juives. Autrefois lieu de vie avec ses écoles qui avaient contribué à l'éducation de nos enfants, ce département s'est vidé de tout élève juif, en raison de l'antisémitisme.

L'insécurité s'était insinuée en silence, tel un serpent s'infiltrant dans les transports, les rues, jusque dans les sanctuaires des écoles.
Notre communauté était devenue la cible privilégiée de la délinquance qui explosait. La vie quotidienne était de plus en plus difficile, et la tranquillité devenait un souvenir.
La sécurité des enfants étant la priorité absolue, plusieurs familles ont vendu leurs biens à regret pour s'installer dans des communes plus accueillantes.

Un singulier marché de l'immobilier émergea, avec son effet pervers sur l'offre et la demande.
La volonté de partir au plus vite et de tourner la page incitait les vendeurs à déprécier leurs biens.
En revanche, la rareté de l'offre dans certaines communes a eu pour conséquence de monter les prix au niveau de la capitale.

Certains pensaient que cet exode montrait une situation financière privilégiée.

"S'ils le font, c'est qu'ils ont de l'argent" !

Mais la réalité est bien plus grise.

Cette aventure imposée impliquait un bouleversement radical pour nombre de familles. Changements de vie, de carrière ou demandes de mutation, des déménagements vers des logements plus modestes, avec parfois la nécessité de recourir à des prêts immobiliers, voire à abandonner la propriété au profit de la location. S'ajoutaient à ces raisons, la plus importante, celle de la scolarisation des enfants dans le secteur privé.

Cette charge financière était imposée. Le coût de ces écoles privées, prohibitif, est loin d'être accessible à des familles pas nécessairement fortunées, comme certains théoriciens aiment à le croire.

Cependant, il convient de reconnaître que le fonctionnement de ces établissements ultra-sécurisés engendre d'importants coûts. Le constat actuel est alarmant et aurait dû interpeller la Société dans son ensemble.

- *Comment a-t-on pu laisser faire, à bas bruit, l'éviction de ces petits Français des bancs de l'école républicaine !*

- *Comment comprendre qu'aucun gouvernement, ni aucun élu, n'ait pu arrêter à temps cette hémorragie !*

Les statistiques témoignent d'une réalité inquiétante : dans certains départements, la présence d'élèves de confession juive est quasiment nulle, contribuant ainsi à une ghettoïsation involontaire. Cette tendance semble demeurer en marge des préoccupations générales.

Pourtant, la question devrait intéresser tout le monde !

Loin d'attirer l'attention, le dilemme des Juifs français semble confiné à la seule communauté concernée.

En résumé, le problème des français Juifs, n'intéresse que les Juifs français !

Nous écoutions avec attention les projets de Sarah et de Jonathan, respectivement cadres dans une société bancaire et commercial dans le secteur de l'électronique.

Ils avaient trouvé l'appartement qui leur convenait à Charenton. Proche de Paris, la ville leur offrait les avantages recherchés : de nombreux commerces de produits cachères à proximité, un métro à moins de 200 mètres, et la proximité du bois de Vincennes, parfait pour les balades en famille.

Quant à Édith et Maxime, ils étaient en négociation pour l'achat d'un bien dans la ville de Vincennes, à proximité de sa sœur.

- Nous attendons l'accord de notre prêt bancaire. Je viens seulement de m'installer dans ce nouveau cabinet d'avocat et Maxime n'a pas beaucoup d'ancienneté dans son travail. Nous espérons de la banque un accord, dans le cas contraire, ce sera une location, à cela s'ajouteront les frais de scolarité de Claire.

Leurs projets tenaient la route.

- Les enfants, la distance entre nous ne nous empêcheront pas de vous aider.

Les fêtes de Pessah se sont merveilleusement passées. Pour ma part, revoir mes anciens amis de synagogue et évoquer ma nouvelle vie m'avait fait beaucoup de bien. Nous avons été comblés par l'affection de nos filles, de leurs maris et de nos petits-enfants.

Les sorties furent nombreuses, cinéma, parc d'attractions et promenade. Ces dix jours en leur compagnie nous avaient revigorés. Mais tout a une fin, et le jour de départ est arrivé.

Les adieux ont été difficiles malgré les promesses de visites futures. Furtivement, Claire, en m'embrassant, me glisse silencieusement une agréable information.

- Papy, je te dis un secret, mais qu'à toi, ne le répète pas à maman, elle me gronderait ; j'ai entendu maman et papa prévoir leurs vacances avec vous en Israël.

J'ai dû me pincer les lèvres pour ne rien montrer de ma joie.

Durant notre voyage, Cathy n'a pratiquement pas dit un mot, gardant un visage fermé et triste. Sans trop trahir le secret de Claire, je lui glissais à l'oreille :

- Chérie, je suis à peu près sûr qu'Édith viendra nous voir dans peu de temps.

Nous avons retrouvé le calme de notre appartement, mais le silence et la solitude ont rendu notre dîner rapide et peu agréable.

Demain sera plus facile…

*

Yom Ha'atzmaout*

La semaine prochaine, Israël fêtera le Jour de l'indépendance déclarée en 1948. Bien que cette journée soit une réjouissance, elle comporte des risques. La plupart des Palestiniens le perçoivent comme un jour de deuil appelé Nakba*.

Le refus des Arabes du partage du pays et de la création de l'État hébreu avait conduit le pays à la première guerre entre Juifs et Arabes, entraînant l'exil d'une population estimée par l'ONU à environ cent mille personnes. Ce qui aurait pu être initialement considéré comme une crise temporaire s'est transformé en une situation durable.

Au cours des décennies, la population n'a cessé de croître, comptant actuellement près de sept millions* d'individus répartis dans plusieurs pays, avec une caractéristique unique au monde, la transmission du statut de réfugié de père en fils.

Les conséquences de cette héritabilité prolongée se manifestent non seulement au niveau humanitaire, mais aussi sur le plan psychologique et social.

Comment et pourquoi une telle chose a pu se produire ?

L'enjeu qui irait vers la reconnaissance de l'existence de l'État hébreu leur ferait perdre de facto leur statut de réfugié, et les États arabes se priveraient d'un élément essentiel de propagande envers leur population.

L'ONU, ce "machin" comme le surnommait le Général de Gaulle, semble parfois déconnecté des réalités qu'il prétend réguler, censé être le garant des droits humains à l'échelle mondiale.

(Yom Ha'atzmaout : jour de l'indépendance)
(Nakba, catastrophe en arabe).

Cet organisme suscite parfois l'étonnement et l'indignation se trouvant en porte-à-faux avec ses propres principes. Le choix des membres des commissions des droits de l'homme, où siègent la Russie, l'Ouzbékistan, le Venezuela et tant d'autres belles démocraties, et le choix d'offrir la future présidence sur les droits des femmes à l'Arabie Saoudite !

Afin de maintenir un statu quo, elle crée en 1949 l'UNRWA*, une agence humanitaire exclusivement dévouée aux Palestiniens, conçue pour satisfaire les besoins des réfugiés en matière de santé, d'éducation et de services sociaux. Les réfugiés palestiniens sont les seuls au monde à ne pas relever du Haut-Commissariat des Nations unies pour les réfugiés.

Fréquemment critiquée en raison de ses activités extra humanitaires, l'UNRWA est accusée d'abriter une partie de son personnel dans des brigades terroristes. Sous son contrôle officiel, les manuels scolaires, spécialement élaborés par leur service, propagent la haine d'Israël et la révolte contre les Juifs. Ces accusations ont conduit certains donateurs à suspendre leur contribution. Les enjeux politiques internes, mêlés à l'improbabilité d'être un jour des partenaires, conduisent les extrêmes des deux camps vers des désastres.

Anouar El Sadate, président de l'Égypte, pays trois fois en guerre, était venu le 19 novembre 1977 serrer les mains du gouvernement géré par la grand-mère d'Israël, madame Golda Meir. Il fut malheureusement assassiné le 6 octobre 1981 par un membre de l'organisation terroriste du Djihad islamique.

Le 4 novembre 1995, Itzhak Rabbin, Premier ministre d'Israël, connut hélas le même sort de la part d'un extrémiste de droite, Yigal Amir, ce qui plongea le pays dans une immense détresse

(UNRWA-United Nations Relief and Works Agency for Palestine Refugees).
(Chiffre de la Croix rouge)

Ces deux personnes, autrefois ennemies, avaient su se retrouver pour mettre leur pays et la région sur la voie de la paix et de la prospérité. Les conséquences de leurs morts n'ont toujours pas été comprises et les répercussions n'ont pas encore été toutes digérées. Il n'y a jamais de solution simple, et la réconciliation, souvent difficile, passe par la compréhension et le pardon pour pouvoir avancer.

L'exemple en 2010 du Mavi Marmara, bateau humanitaire appartenant à une ONG musulmane turque, *Yardim Vakfi*, qui, à grand renfort de médias et d'une flottille exploitée par pas moins de trente-sept pays, baptisée *Free Gaza*, avait pour objectif de forcer le blocus du port de Gaza. Sur le pont se trouvaient de nombreux activistes anti-israéliens, des personnages politiques européens et même un prix Nobel de la paix ; dans leurs cales, médicaments et nourriture.

Malgré les nombreux avertissements de l'État hébreu, le 31 mai, le Mavi Marmara franchit le cap et provoque l'armée. Le déroulement de l'arraisonnement est sujet à interprétation : la version israélienne défend la thèse de l'agression subie par les troupes israéliennes par certains membres armés de l'équipage ; à l'inverse, l'équipage du Mavi affirme avoir subi les tirs des commandos israéliens après l'abordage. Plusieurs soldats israéliens ont été blessés et neuf militants tués.

Le rapport de la Commission d'enquête de l'ONU (rapport Palmer) accréditera la thèse de la légitime défense d'Israël, tout en la jugeant « excessive ». Le raid a eu pour conséquence une sérieuse dégradation des relations entre la Turquie et Israël qui avait accepté l'indemnisation financière des familles, malgré la forte opposition de la société civile israélienne la considérant humiliante, et la Turquie qui, au-delà des excuses, exigeait la levée du blocus de Gaza, ce qu'elle n'obtint jamais.

2014-Guerre de Gaza.

Édith nous fait part du désir de la famille de passer leurs prochaines vacances en Israël. Cela confirme bien ce que Claire m'avait laissé entendre et cette nouvelle nous réjouit.

Bien que notre petit chez-nous aurait été ravi de les accueillir, Édith et Maxime, soucieux de leur indépendance, avaient préféré ne pas troubler notre confort domestique et nous ont demandé de rechercher un appartement dans la capitale.

À moins de vingt jours de leur arrivée, nous avons finalement réussi à dénicher ce trésor urbain. L'appartement, un petit deux pièces planté en plein centre de Tel-Aviv sur l'avenue de Rothschild, le lieu où même les pigeons ont leur domicile prestigieux.

Cathy et moi avions hâte de les revoir, cependant, à huit jours de leur arrivée, le pays était agité par des tensions et des manifestations de plus en plus violentes. L'atmosphère était réellement tendue, et Édith se posait la question du maintien ou non de leur voyage.

J'ai déployé tous mes arguments pour la rassurer, lui expliquant que ce n'était qu'une flambée dans les territoires et que les choses retomberaient rapidement.

Les retrouvailles furent émouvantes et nous avions hâte de leur faire découvrir le pays et notre nouvelle vie.

Les deux premiers jours furent agréables en promenades, restaurants et plage. Cependant, la situation devenait de plus en plus insurrectionnelle et les informations inquiétantes.

La télévision rapportait que des roquettes en provenance de la bande de Gaza avaient été tirées dans le sud du pays et principalement sur la ville de Sderot, heureusement, sans faire de victimes.

L'armée avait aussitôt répliqué et sept combattants du Hamas avaient été tués. La situation commençait à dégénérer et Édith était de plus en plus inquiète, et nous aussi.

Au matin du 7 juillet, une centaine de roquettes s'abattaient sur tout le pays, ciblant la ville portuaire d'Haïfa, la capitale Tel Aviv et ses banlieues.
Les sirènes alertaient la population de gagner les abris.

Le cycle de la guerre était engagé !

Les bombardements avaient commencé depuis des heures maintenant, et le bruit sourd des contre missiles activés par le dôme de fer signait bien le déclenchement des hostilités.

Seuls et désemparés dans leur appartement, Édith, Maxime et Claire ne savaient pas comment réagir. L'appel au secours de notre fille était angoissant, ses pleurs étaient mêlés aux cris de Claire. Je venais seulement de comprendre qu'ils n'avaient pas réussi à se mettre à l'abri.

-   Raymond, je ne sais pas quoi faire, Édith et Claire sont prostrées, et je vous avoue que j'ai également peur.
-   J'arrive, attendez-moi.

Cathy avait insisté pour m'accompagner. Les trente kilomètres qui nous séparaient étaient interminables. La route était dégagée, la plupart des habitants étaient confinés dans les abris personnels ou communs, situés généralement dans les sous-sols des bâtiments.

Nous arrivâmes enfin à l'appartement.

Maxime était assis dans un coin et me désigna du menton l'endroit où étaient Édith et Claire.
Elles avaient trouvé refuge sous le grand lit, cherchant désespérément à se protéger de la terreur qui régnait à l'extérieur.

Ne comprenant pas l'hébreu, ils n'avaient pas su se diriger. Je n'ai pu m'empêcher de m'en vouloir, j'aurais dû leur indiquer où se situait l'abri le plus proche.

- Je suis désolé mes chéries, j'aurais dû être plus prévoyant !

- Papa, emmène-nous n'importe où, là où il n'y a pas de bombes, on ne peut pas rester ici !

- Bien sûr, l'alerte vient d'être levée. Venez, je vous emmène.

Que lui dire ? Il n'y a pas d'endroits où les roquettes ne tombent pas. Tout le pays est maintenant soumis aux tirs.

J'avais pris Édith dans mes bras, mais mes mains tremblaient. J'étais, je l'avoue, également effrayé, mais pour eux, je devais rester fort. Mes paroles avaient peu de portée tant leur frayeur était grande. La télévision diffusait en direct les images de bâtiments dévastés.

Cathy étreignit tendrement Claire, tandis qu'Édith, secouée de tremblements et submergée par les larmes, exprimait le désir pressant de quitter rapidement ce pays en proie à la guerre.

- Papa, emmène-nous tout de suite à l'aéroport, je veux partir. Je veux prendre le premier avion et partir. Et vous aussi, il faut partir !

- Calme-toi, ma fille, on va d'abord regagner Netanya. Maxime, prépare vos valises, le nécessaire, on prendra le reste plus tard.

Que lui dire encore que l'aéroport était fermé pour raisons de sécurité ! Cela lui aurait causé encore plus de stress.

J'avais eu toutes les difficultés du monde à apaiser son tumulte émotionnel. Quant à Maxime, à l'inverse, son calme nous paraissait tout aussi inquiétant.

Les sirènes annonçaient la fin des bombardements, mais nous savions que cela pouvait reprendre à tout moment.

Entassés dans notre petite Micra, nous prîmes le chemin du retour. La circulation reprenait et la ville se remettait à vivre. Les pensées se bousculaient dans ma tête : les gens couraient en profitant de cette accalmie pour regagner leur foyer, tandis que d'autres, étrangement calmes, marchaient de leurs pas habituels. J'admirais leur résilience.

Une déviation nous faisait passer par la ville religieuse de Bnei Brak jouxtant la capitale. À ce moment, la sirène retentit de nouveau et la ville était en ébullition. Les habitants couraient vers les refuges, abandonnant leur voiture, les portes grandes ouvertes.

Nous fîmes de même.

Un conducteur de bus de la compagnie Egged ayant remarqué notre désarroi, nous invite à le suivre dans l'abri réservé au personnel. De nombreuses personnes s'y tenaient, certains étaient étendus sur le sol, d'autres, assis en position fœtale. Subitement, une énorme déflagration nous secoua ; le dôme de fer venait d'abattre un missile juste au-dessus de nos têtes.

Les cris de peur et de panique se mêlaient aux cris de joie. Mes jambes étaient tremblantes et mes mains étaient moites. Cathy me fit remarquer la pâleur de Claire et ses tremblements convulsifs. L'annonce de la fin de l'alerte nous est parvenue comme un soulagement.

Mais pour combien de temps encore ?

Avec tout le courage que je pouvais trouver en moi, je repris notre route. Bien qu'elle fût dégagée, il nous fallut plus d'une heure pour regagner notre appartement.

Cathy s'affaira à préparer un repas et confia quelques tâches à notre fille pour lui changer les idées. J'avais choisi un film pour détendre notre petite fille, toujours lovée dans les bras de son père.

S'adaptant à l'espace disponible, chacun avait trouvé un endroit pour passer la nuit.

Vers 2 heures du matin, la sirène retentissait à nouveau. Nous n'avions que vingt secondes pour nous mettre en sécurité dans l'abri commun situé au rez-de-chaussée de notre immeuble.
Cathy s'empara du sac préventivement préparé, contenant un minimum de denrées. Très vite, l'ensemble des occupants de l'immeuble s'était regroupé et les discussions allaient bon train.

Les explosions étaient fortes et chacun évaluait la distance des impacts tombés. Une demi-heure plus tard, l'alerte était levée et chacun regagnait son appartement.

La nuit fut agitée, car peu de temps après, une nouvelle alerte nous fit reprendre à nouveau le chemin de l'abri.

Le jour suivant s'avéra encore plus éprouvant. Une pluie ininterrompue de roquettes et de missiles s'abattait sur l'ensemble du pays, sans autre objectif que de semer la destruction et de causer des pertes humaines. Heureusement, la plupart des roquettes étaient interceptées grâce à la protection du dôme de fer.

Quel aurait été le résultat si l'armée n'avait pas développé ce moyen de défense ?

Quel pays au monde accepterait-il de vivre en permanence sous une telle menace ?

Le bruit des avions de combat et des hélicoptères volant en rase-motte sur le littoral était incessant.

La télévision informait en direct de la destruction de plusieurs rampes de missiles, sans que cela se traduise par le calme escompté.

En moins d'une semaine, plus de mille cinq cents missiles et roquettes avaient été tirés sur l'État hébreu.

Comme un script préalablement écrit, ONG et certains médias, fidèles à leur ligne, se tenaient prêts à révéler les dégâts causés par les bombardements israéliens, dont certains étaient exhumés de conflit antérieur. Mais pas un mot sur l'agressé.

La fabrique bien rodée du mensonge et de la désinformation produisait comme à son habitude ses effets.

Les mêmes et infatigables pays réclamaient la réunion urgente du Conseil de sécurité avec comme résolution : d'imposer le cessez-le-feu et de condamner l'agression israélienne, sans aucun mot pour ceux qui, sans raison justifiée, avaient embrasé le ciel de l'État hébreu en lançant aveuglément des centaines de missiles.

Une fois de plus, les regards du monde entier se tournaient vers cette petite nation, et les pressions internationales ont finalement produit leurs effets.

Un semblant de trêve a été conclu.

Seulement, au-delà de cette danse politique, la population israélienne, excédée par la répétition de ces mêmes scénarios, était frustrée de cet arrêt des combats. Le peuple israélien porte le poids des décisions prises à l'échelle mondiale et de ce manque de courage de ne pas laisser l'armée éradiquer une fois pour toutes la branche terroriste.

Tout le monde savait que cela ne serait que temporaire.

Édith, Maxime et Claire ne sont pas près d'oublier leurs vacances. Ils avaient abandonné leur location de Tel-Aviv au profit de notre petite ville, moins soumise aux bombardements.

Nous les avons gardés auprès de nous, car l'état d'anxiété d'Édith et de Claire était toujours présent. Elle était terrifiée à l'idée de nous laisser vivre dans cette insécurité et nous suppliait pour un retour en France.

Néanmoins, elle était étonnée par la résilience des habitants qui n'hésitaient pas à sortir, à aller au travail, et même à profiter des loisirs, de la plage ou du restaurant entre deux alertes. Nos simples sorties pour les courses du quotidien étaient soumises à des conseils de prudence.

Nous savions qu'il lui faudrait un peu de temps.

Au fil des jours, ses réactions évoluaient et se transformaient en colère contre tous les responsables ; contre ceux qui envoient à l'aveugle des centaines de roquettes dévastatrices, contre le gouvernement israélien, mais sans trop savoir pourquoi, et surtout contre la communauté internationale pour son approche partisane du conflit. En clair, l'État hébreu n'avait pas le droit de se défendre.

Le bon sens était venu de la bouche de notre petite fille :

- Mais Papy, tout le monde dit qu'ils sont pauvres, mais avec quel argent peuvent-ils s'offrir autant de bombes et de missiles ?

Était-elle en capacité de comprendre les subtilités du Moyen-Orient, les intérêts des États, le mensonge, la corruption ?

La cécité internationale exaspère l'opinion publique israélienne, et en particulier l'attitude de la France qui n'a jamais su conduire et tenir une ligne claire et franche.

Nul au Proche-Orient n'ignore la vie faste des dirigeants de l'Autorité palestinienne et des responsables d'organisations terroristes. La corruption est visible au grand jour.

Des milliards de Dollars et d'Euros d'aides se déversent depuis de nombreuses années sans grand contrôle. Pas ou peu d'investissement dans le logement, les infrastructures, le social. En revanche, dans Naplouse, dans Gaza et ailleurs, non loin de misérables quartiers, fleurissent des villas de rêve et des appartements somptueux, sans parler des biens de certains dirigeants palestiniens dans les capitales européennes, au Qatar ou aux USA.

Comment expliquer à notre petite fille ce que même les adultes n'arrivent pas à comprendre ?

Assise sur le rebord du canapé, sa petite main dans la mienne, elle me regardait avec des yeux emplis de curiosité et d'innocence. Elle ne comprenait pas pourquoi cette région ne connait pas le succès et la prospérité qu'elle aurait pu atteindre.

- Tu as raison, ma chérie, cela fait des décennies que cela dure, et cette région aurait pu être un Singapour ou un Hong Kong. Moi non plus, je ne comprends pas !
  Tu sais, il est courant que des dirigeants avides de pouvoir détournent les richesses pour leur profit personnel et portent peu d'intérêt pour le développement de leur pays. Mais il faut garder l'espoir, il y a des gens qui travaillent dur pour construire un meilleur avenir, même si cela prend du temps.

Je la regardais absorber mes mots avec une concentration enfantine, sa petite tête inclinée légèrement sur le côté, pour essayer de comprendre ce que je disais. Peut-être que plus tard, elle trouvera les réponses que même les adultes n'ont pas pu trouver.

*

La vie avait très vite repris son cours, comme si cette guerre n'avait pas eu lieu.

Édith, peu confiante au début, reprenait un peu plus d'assurance. Leur séjour touchait à sa fin, et ce conflit avait changé tous nos plans de visite et de séjour. Cependant, nous avions tenu à passer une journée à Tel-Aviv.

Un taxi nous avait déposés au cœur de la ville où se dresse fièrement la nouvelle tour abritant un temple moderne dédié à la consommation et au divertissement ; Azrieli Mall.

Dès l'ouverture des portes, une marée humaine s'engouffre dans les allées larges comme des artères, qui irriguent chaque espace de cet édifice gigantesque.

Nous nous sentions tranquilles au milieu de cette agitation.

La foule, nombreuse et compacte, nous apaisait et nous rassurait. Ce magnifique endroit, plein de vie, nous faisait oublier les tensions de ces derniers jours. La vie reprenait le dessus après les peurs et les angoisses.

Tout paraissait normal, comme si rien ne s'était passé.

Les escalators, tels des vaisseaux, transportent les visiteurs vers les étages supérieurs, et les commerces bondés retrouvent leurs couleurs.

Cependant, très vite, nous avons pris conscience qu'au fond, nous étions dans un centre commercial comme ils en existent dans toutes les capitales du monde, bouillonnant d'un monde avide de consommation.

Une heure plus tard, nous prîmes la décision de partir vers un lieu plus adapté au folklore oriental ; le Souk Ha Carmel, le marché Carmel.

C'est le lieu idéal pour découvrir toute la richesse que la nature peut offrir en termes de fruits et de légumes. Les visiteurs affluent de toutes parts, attirés par la promesse d'une abondance de produits frais et savoureux.

C'est bien plus qu'un simple marché, un véritable carrefour de rencontres, où les cultures se mêlent et où les langues se confondent en un joyeux brouhaha.

Touristes et locaux viennent non seulement pour faire leurs achats, mais aussi pour se perdre dans les dédales des allées, échanger des sourires et des anecdotes avec les vendeurs et partager un moment de convivialité autour d'un stand de dégustation.

C'est un endroit où les frontières s'effacent, où la diversité est célébrée et où chaque visiteur repart avec un peu de cette magie dans son panier.

Les allées sont étroites et les promeneurs jouent parfois des coudes pour se frayer un passage entre les étals abondamment garnis. Il n'est pas rare de rencontrer des chefs étoilés glanant leurs produits du jour.

Parfums, encens et épices exotiques aux arômes envoutants réveillent nos sens, et les odeurs de pain chaud et de grillade titillent nos appétits.

Cette symphonie de sons, de couleurs et d'émotions avait radicalement changé les visages d'Édith, de Claire et de Maxime, comme si l'on avait réussi à gommer leur stress.

Un stand de grillades de parguiyot* dégageait une odeur irrésistible. Enfournés dans une pita chaude, garnie d'une variété de salades orientales légèrement relevées, ce délice nous avait tous mis d'accord sur le choix de notre repas.

(Parguiyot ; haut de cuisse du jeune poulet).

Notre dessert avait été un mélange de fruits exotiques, de gâteaux orientaux, de loukoum et de délices locales.

Au cœur de l'agitation et de l'effervescence du marché Carmel, mes pensées se tournaient vers les habitants de ce pays en regardant les anciens qui portent dans la profondeur de leurs regards, leurs souvenirs gravés dans un coin de mémoire, et la jeunesse, héritière de cette mémoire collective.

Cette génération prête à défendre et à affronter le monde avec courage, et qui se dresse fièrement comme un soleil après un orage.

Sur notre chemin du retour, Claire dormait sur l'épaule de Cathy, et de manière inattendue, Maxime entama la conversation.

- Raymond, ce pays est formidable, les gens sont formidables, et je ne suis pas mécontent d'être venu.

Édith, tout comme moi, partageait ma surprise.

- Maxime, nous sommes heureux que, malgré ces tragiques évènements, Israël te laisse un bon souvenir.

- Raymond, non seulement j'en ai, mais j'espère de tout cœur y revenir si Édith le veut bien et faire cette fois-ci le tour complet du pays. Je suis heureux de ce voyage, d'avoir découvert les habitants et leur façon d'aborder la vie. Tout est en contradiction avec le regard des médias.

  Qu'en dis-tu, Édith ?

- Je ne te cache pas que je suis encore un peu bouleversée, mais ce que tu dis est vrai. Je suis stupéfaite du comportement des gens, car malgré tout ce qui vient d'arriver, le pays donne une impression de force et de résistance.

Papa, Maman, je me sens bête d'avoir été aussi émotive.

- Chérie, tes réactions sont des plus normales. Nous avons également peur, mais pense à tous ceux qui n'ont que ce pays pour y vivre, le seul endroit qui leur garantisse la sécurité de vivre en tant que Juif.
- Tu as raison maman, je suis désolée. Mes réactions ont été, je le reconnais, un peu égoïstes, mais j'ai tellement peur pour vous.

- N'aie pas peur pour nous, ma fille. Tu vois bien, malgré tous ces bombardements, et grâce à D.ieu, nous ne déplorons pas beaucoup de victimes.

- Je vous aime tous les deux, j'aime votre calme, votre patience. J'aimerais tant vous ressembler.
Cependant, il faudrait bien un jour nous dire pourquoi vous avez subitement fait le choix de vous installer ici ?

- C'est promis, chérie, le moment viendra.

Tiens demain, ce sera journée plage et restaurant.

Le silence a accompagné notre retour, et cette nuit-là, nous avons dormi sans sirène ni alerte.

L'odeur agréable du café a réveillé la famille et la bonne humeur se lisait sur les visages. La journée d'hier y était sans aucun doute pour quelque chose.

Claire dévorait les pancakes que Cathy s'était empressée de préparer avant nos réveils.
Elle s'était également chargée de la petite glacière remplie de délices, pour les en-cas. Notre objectif était le magnifique restaurant de poisson les pieds dans l'eau.

Nous voulions qu'Édith, Maxime et Claire puissent aller à une véritable détente, passer une journée à la plage et s'offrir une parenthèse enchantée loin du tumulte de ces derniers jours. Notre appartement nous avait l'avantage d'être à moins de trois cents mètres de la mer.

Le soleil éclatant illuminait un ciel sans nuages.

La plage s'étendait devant nous, telle une invitation irrésistible. Le sable brûlait nos pieds nus, tandis que les vagues s'élançaient avec une grâce infinie pour venir se briser sur le rivage. La mer, d'un bleu cristallin, nous promettait une évasion totale. Nous n'avons guère attendu pour nous jeter tête première dans cette eau rafraîchissante, jouant comme des enfants avec les vagues. Cet élément naturel ravivait nos esprits et nous lavait du stress accumulé.

Soudain, le bruit sourd et puissant d'un groupe d'hélicoptères militaires passant au-dessus de nos têtes nous replaça dans la réalité du conflit. En un instant, les visages d'Édith et de Claire avaient changé, et j'ai dû leur expliquer que ce vol était sans aucun doute un retour à leur base, signe que la situation se détendait.

Après cette baignade vivifiante, nous avons savouré chaque rayon de soleil qui caressait notre peau. Les rires des enfants, les conversations animées et les éclats de joie se mêlaient et ajoutaient une touche de gaieté à cette belle journée.

Puis vint le moment tant attendu : celui de satisfaire nos appétits gourmands. Le restaurant était situé en haut des marches de la plage. Les senteurs chatouillaient nos narines avant même d'avoir franchi le seuil. Une table en terrasse face à l'horizon méditerranéen s'offrait à nous. Le menu proposait une profusion de mets délicieux, une véritable symphonie culinaire.

Divers poissons grillés nous étaient proposés accompagnés d'un choix de salades orientales aux légumes légèrement croquants.

Le temps a glissé doucement, comme s'il avait décidé de faire une pause. Les sourires chaleureux de nos chers invités illuminaient l'atmosphère. Édith et Claire, en pleine discussion animée, éclataient de rires, et leur joie était aussi nourrissante pour mon âme que le menu pour mon estomac. Un répit bienvenu de douceur, une véritable oasis de bonheur. Je dégustais chaque instant, laissant les souvenirs s'ancrer profondément dans mon esprit.

*

Nous roulions en silence sur l'autoroute numéro six vers l'aéroport Ben Gourion.

L'embarquement sécuritaire ne nous permettait pas d'aller plus loin, nous étions contraints aux adieux dans le hall. Adieux accompagnés du doux murmure des au revoir, mais les larmes, fidèles compagnes de ces moments, avaient encore coulé à flot.

Le masque de la tristesse se peignait sur les visages d'Édith, Maxime et Claire. Leurs silhouettes s'éloignaient lentement vers la porte d'embarquement, laissant derrière elles un sentiment de mélancolie.

De retour à l'appartement, vide de leur présence, une étrange grandeur s'installait dans l'espace. Les échos de leurs rires, les discussions animées autour de la table s'étaient tues. Le canapé, témoin silencieux de tant de confidences partagées, semblait nostalgique. Tout paraissait résonner, respirer le vide comme les pages blanches d'un livre.

Alors que la nuit recouvrait le monde extérieur, à l'intérieur, la solitude nous enveloppait. Cathy masquait son chagrin par un comportement inhabituel. Elle parlait beaucoup, ce qui ne lui ressemblait pas. Je savais que les jours qui suivraient ne seraient pas faciles.

Nous avons appris qu'après leur retour, Édith et Claire présentaient de légers symptômes de stress post-traumatique sous forme de cauchemars et de flashbacks, et le besoin d'un thérapeute fut un moment nécessaire.

Nous nous sentions responsables de cette situation que nous avions créée par notre exode, et un sentiment de culpabilité nous avait de nouveau envahis. Le doute grignotait notre esprit. Les propos de nos filles résonnaient et prenaient de l'ampleur sur notre choix. Devions-nous rester insensibles à leurs angoisses, à leurs discrètes souffrances, ou relever le défi de reconstruire et de préserver notre héritage dans l'espoir de voir un jour notre famille se reformer autour de nous. Je ne voulais pas que notre rêve se brise. Je reste conscient que derrière les conflits se cachent des êtres humains, des individus qui aspirent à la paix et à une vie meilleure.

On ne peut pas réduire tout un pays à ses guerres. Il y a des richesses humaines, culturelles, une beauté naturelle et surtout une histoire millénaire qui transcende les lignes de front.

Bien que l'incertitude accompagne toujours la décision de s'établir dans un pays enlisé dans la guerre, elle s'accompagne néanmoins d'une lueur d'espoir.

Cette lueur réside dans la possibilité que la paix advienne, dans l'idée que notre présence et notre engagement contribuerait, même modestement, à l'édification d'un meilleur lendemain.

Il est possible que l'avenir nous réserve des surprises, des opportunités inattendues ou des voies de résolution pacifique qui n'ont pas encore été explorées. Pour l'instant, nous devons écouter notre cœur, notre raison et notre intuition pour prendre la décision qui nous semble la plus juste et tenir compte des expériences de ceux qui ont vécu les horreurs de la guerre. Leur sagesse peut guider notre chemin et nous aider à prendre une décision éclairée.

Pourtant, je m'accroche aux dernières paroles de Maxime. Oui, ce pays est fantastique, car malgré l'épisode de guerre, leur souhait était de revenir. Et hormis le fait de leur avouer ce pourquoi nous nous sommes installés ici, je ne trouve plus de mot pour exprimer le bien fondé de ma décision, ou plutôt si ;

Peut-être devrais-je en fin de compte remercier mon agresseur, puisque grâce à lui, j'ai réalisé le rêve inassouvi de tout juif.

*

Maman.

L'hiver est là et le froid s'est installé. Ce soir, sans grande raison, je n'arrive pas à trouver mon sommeil. J'ai le cœur lourd, envahi d'un étrange pressentiment.

C'est à la lueur du jour, dans un sommeil fragile, que la stridente sonnerie du téléphone me réveille ; Maxime m'annonce que ma mère est hospitalisée suite à un accident vasculaire cérébral et que son état est sérieux.

À ce moment-là, alors que je me tiens impuissant face à la distance qui nous sépare, je réalise toute la profondeur de l'épreuve qui s'abat sur moi. Des pensées envahissent mon esprit, et une question lancinante résonne avec force : aurais-je le temps de la revoir avant son départ ?

Comme un petit enfant égaré, je me rends compte à quel point j'ai tenu pour acquis qu'elle serait éternelle, que rien ne pourrait jamais nous séparer. Cathy est bouleversée, elle rassemble précipitamment quelques affaires et nous commande un taxi pour l'aéroport.

*

Dans le silence de la pièce, j'observe chaque trait sur le visage de ma vieille maman, doucement endormie. Sa respiration est calme, paisible, comme si elle flottait dans un monde entre le rêve et la réalité. Autour d'elle, l'atmosphère est chargée d'émotions, imprégnée du poids de l'incertitude et de la tristesse qui enveloppent nos cœurs.

La veille, comme chaque soir, je l'avais eu au téléphone et notre bavardage était comme d'habitude basé sur nos santés respectives, et comme à l'accoutumée, elle me quittait affectueusement en me souhaitant bonne nuit, "mon petit".

Dans l'attente angoissante, chaque minute qui s'écoule dure une éternité. Les murmures feutrés des infirmières, le tic-tac incessant de l'horloge, tout autour de moi parait suspendu dans un silence pesant, figé par l'incertitude qui pèse sur mon cœur. Le médecin nous laisse peu d'espoir. Son âge avancé est un handicap, et le caillot a fait d'énormes dégâts. Si, par miracle, elle en échappe, les séquelles risquent d'être lourdes. Chaque perspective, chaque possibilité semble être enveloppée d'un voile sombre.

Je me sens déchiré par l'angoisse, par la peur de perdre celle que j'aime plus que tout au monde. Puis, subitement, je craque, je me mets à pleurer comme un petit enfant, sans retenue, sans pudeur, laissant libre cours à ma douleur. Je pleure pour toutes ces fois loin d'elle, pour tous ces moments où j'ai laissé derrière moi son amour inconditionnel, sa présence réconfortante. Je pleure pour tous les gestes manqués, pour toutes les occasions ratées de lui montrer à quel point elle compte pour moi.

Pourquoi la Vie nous a-t-elle ainsi séparés ?

Consciente par sa profession que la fin allait être proche, Céline m'avait administré un calmant.

Un peu avant minuit, Maman nous quittait définitivement.

La semaine de deuil fut dure entre prières et formalités administratives, car contrairement à ce que je pensais devoir faire, Céline m'informait que le vœu de notre mère était d'être inhumée en France, auprès de notre Papa.

Le comportement de Cathy m'avait saisi. Elle avait passé la totalité de notre séjour chez ses parents, comme si un pressentiment l'avait poussée à agir ainsi, comme si elle se devait de profiter d'eux au maximum.

Je me souviens, au moment de nos adieux, de la façon dont elle avait embrassé sa mère avec une tendresse infinie, de la manière dont elle avait serré son père dans ses bras, comme si elle voulait graver chaque instant dans sa mémoire, comme si elle aussi pressentait que le temps était compté.

Dans l'avion qui nous ramenait, je repense à tous ces moments partagés. Les souvenirs défilent dans mon esprit, comme un film en noir et blanc, chacun portant la marque indélébile de son amour et de sa bienveillance. À cette belle ville de Tunis, à nos merveilleux petits matins d'éveils emplis de câlins et de tendresse, à sa silhouette si gracile qui faisait retourner les regards des hommes, à Papa, quand je le rejoignais au café *Le Paris Bar*, à nos moments de complicité et aux éclats de rires partagés, à son cœur généreux et à sa bonne humeur, à nos belles vacances passées à la Goulette.

Déchiré entre le chagrin de la perte et la gratitude pour les souvenirs partagés, je trouve un réconfort dans la certitude que son héritage perdurera à travers nous, ses enfants, ses petits-enfants, et tous ceux dont elle a touché le cœur.

**

Chapitre-V

Le piège.

Plusieurs années se sont écoulées depuis notre installation en Israël, et nos vies ont adopté le rythme incessant des allers-retours vers la France. Chaque voyage, qui débutait avec une excitation, devenait maintenant de plus en plus fatigant. Les départs et les retrouvailles familiales, les embrassades chaleureuses et les adieux déchirants, tout cela s'entremêlait dans une danse émotionnelle qui laisse des traces sur nos visages fatigués.

Les premiers voyages étaient teintés d'un enthousiasme vibrant, portant en eux la promesse de retrouvailles joyeuses. Cependant, avec le temps, la distance géographique se multipliait en une distance émotionnelle qui s'accroît et qui commence à se faire sentir. Chaque aéroport devient le théâtre de départs marqués par une mélancolie croissante.

Je reconnais avoir la nostalgie de Paris, de ma France, de ses rues pavées pas toujours très propres, de ces terrasses de café bondées le midi, de tous ces gens parlant ma langue.

Et puis ce temps souvent maussade, qui nous assombrit et nous fait rêver de ciel constamment bleu. C'est drôle d'avoir comme envie de revoir ce ciel gris chargé de nuages laissant tomber cette pluie fine sur mon visage.

Il est curieux de ressentir un tel attachement à ce vent frais qui balaie les rues. Ces éléments, qui pourraient sembler déprimants, sont pour moi le reflet de cette ambiance unique.

Oui, je suis nostalgique de Paris, de ses boulevards animés, de ses quartiers historiques, de ses bistrots où se mêlent les odeurs de croissants frais et de café fumant, de ces Parisiens et touristes qui s'installent pour déguster un repas ou simplement pour siroter un verre de vin.

Je me surprends à regretter ce que j'avais pris pour acquis : Les matins brumeux où les passants, emmitouflés dans leurs écharpes se hâtent vers leur destination, ses boulevards animés, ses quartiers historiques, les discussions avec les commerçants. Les souvenirs ont cette capacité étonnante de donner vie à ce qui n'est plus. Ils jaillissent sans prévenir, souvent déclenchés par quelque chose d'aussi banal qu'une chanson à la radio ou le rire d'un enfant. Ils apportent avec eux une douce nostalgie, un mélange de bonheur et de tristesse.

Ces moments sont gravés dans ma mémoire. Tout cela me manque profondément. La France me manque dans toute sa complexité et sa beauté imparfaite.

Alors, même si le ciel est bleu ici, même si le soleil brille constamment, il y a des jours où je ferme les yeux et je me laisse transporter par mes souvenirs. Alors, je ressens la fraîcheur du vent parisien, j'entends le bruit des talons sur les pavés, je vois les visages familiers autour de moi, et pour un moment, je suis de nouveau chez moi, dans ma France, sous ce ciel gris tant aimé.

Les bagages que nous transportons ne sont pas seulement remplis de vêtements et de cadeaux, mais aussi de la complexité de cette double vie.

Ainsi, chaque voyage devient un équilibre délicat entre deux mondes, entre l'ancrage et le déracinement, entre la nouveauté et la familiarité, à toujours et encore, avoir ce sentiment étrange et complexe de ne plus pleinement appartenir à une nationalité.

J'ai parfois l'impression de naviguer entre deux mondes, entre deux nations qui sont pourtant les miennes, et dont, depuis peu, m'engendre un profond sentiment de déracinement et de perte d'identité. Ce paradoxe intérieur me pèse lourdement, et je me sens écartelé comme un étranger dans son propre pays, ne sachant plus à qui j'appartiens vraiment.

Les histoires partagées prennent une teinte de nostalgie et les repas en famille deviennent des moments précieux à chérir. L'attachement à notre terre d'adoption grandit, mais il est constamment équilibré par le sentiment du devoir envers nos racines françaises.

La communauté d'amis, que nous avons construite en Israël, est devenue une partie essentielle de notre quotidien. Mais le lien avec la France reste indissociable de notre identité.

Ce sentiment de ne pas être tout à fait un "vrai" Israélien, de n'avoir pas grandi dans ce pays m'éloigne de mon identité nationale. De même, le sentiment de ne plus être un "vrai" Français par la distance.

La fatigue physique s'accumule, et je suis las de naviguer entre ces eaux tumultueuses, de chercher désespérément un sentiment d'appartenance, à tenter de combler le vide laissé par cette dualité.

Édith et Maxime nous annoncent une excellente nouvelle : notre douce et jolie Claire se fiance. L'élu qui a conquis son cœur, Simon, rencontré sur les bancs de la prestigieuse école de commerce de Cergy-Pontoise.

Mais la plus surprenante nouvelle concerne notre petit-fils Maurice, le fruit de l'amour entre Anna et Jonathan.

Son brillant succès au baccalauréat, couronné d'une très belle mention, a quelque peu refroidi l'enthousiasme de ses parents par sa décision de poursuivre ses études en Israël.

Rapidement, cette agréable surprise a suscité en nous une légère gêne. Est-ce le résultat d'une réflexion personnelle façonnée par ses propres aspirations d'intégrer une université classée parmi les cent premières mondiales, ou bien un choix inconsciemment motivé par nous, ses grands-parents ?

Face à notre fille Sarah et à Jonathan, nous sommes mal à l'aise et nos sentiments sont partagés. Cette complexité suscite en nous une interrogation sur la mesure de l'influence de la famille et des aspirations individuelles. Notre désir premier est de soutenir ses aspirations, mais aussi de nous assurer que son choix est le reflet de son propre chemin, indépendant de toute influence extérieure et encore plus de la nôtre.

- Maurice, nous ne voulons pas nous mêler de tes affaires, tu as tes parents pour ça. Cependant, es-tu sûr de vouloir poursuivre ton cursus en Israël ?

- Oui Papy, j'ai beaucoup réfléchi. J'aimerais intégrer le *Téchnion** à Haïfa. C'est mon rêve.

- C'est un beau projet, mais y entrer n'est pas facile.

- D'après mes professeurs, j'ai mes chances, Papy.

**(Téchnion ; université publique spécialisée dans les domaines de la science et de la technologie).*

- Tu sais, le chemin ne sera pas simple. Il y aura le service militaire. Et tes parents, ta maman, ta sœur, ton frère, tu y penses ?

  Papy, s'il te plait, n'essaie pas de me mettre le doute, cela fait deux ans que je ne pense qu'à ça et j'en ai déjà beaucoup parlé avec mes parents.
  Cette idée germe dans mon esprit depuis mon voyage d'étude organisé par mon école.
  Cette expérience m'a profondément marqué. Tu sais, Papy, je ne suis pas le seul : bon nombre de mes camarades de classe rêvent de saisir cette chance.
  Israël, c'est l'avenir, l'eldorado du monde technique et scientifique, c'est la start-up nation. Tu comprends Papy, il me faut saisir cette chance, et puis, je serai près de chez vous pour passer le Shabbat avec vous.

Ce voyage scolaire avait bouleversé ses perspectives et élargi son horizon de manière inattendue.
Il avait été fasciné par les rencontres enrichissantes avec les étudiants locaux, par leurs dynamismes et leurs esprits d'innovation. Le Téchnion représente le rêve de nombreux étudiants. Cette institution renommée forme les élites de la nation et pousse les étudiants vers un désir ardent de contribuer à la défense de la nation israélienne.

Cathy et moi regardions tendrement Sarah aux yeux humides et rougis, tandis que Jonathan affichait dans son regard fier une certaine admiration.

*

Récurrence.

Après un premier semestre plutôt calme, un terrible attentat à Tel-Aviv dans un café branché a fait quatre morts et plusieurs blessés, ce qui avait, un moment, mis en interrogation la venue prochaine de la famille.

Puis, début juin, deux Palestiniens ont fait irruption dans la soirée dans le quartier de Sarona Market*, un ensemble d'établissements très fréquentés par le milieu branché de Tel-Aviv, et ont ouvert le feu, tuant quatre personnes et en blessant sept autres. Cette attaque est l'une des plus meurtrières de la vague de violences en cours, mais qui pourtant semblait diminuer.

Il est étonnant de constater comment, petit à petit, nous nous sommes habitués à cette violence. Les événements surgissent, s'enchaînent et disparaissent aussi rapidement qu'ils sont apparus. C'est comme si la turbulence de ces moments était devenue une part insidieuse de notre quotidien, une présence indéniable, mais presque banale.

Au fil du temps, cette violence semble s'être insinuée dans le tissu même de notre réalité. Les manifestations deviennent quasiment des événements prévisibles qui ne tardent pas à se dissoudre dans le flux incessant du temps.

*Sarona ; nouveau quartier ultrabranché au centre de Tel-Aviv établi sur un site historique au style particulier. Il offre un équilibre entre les activités commerciales et les loisirs. Des boutiques de vêtements, des galeries d'artistes ou de nombreux cafés, bars et restaurants proposent de grandes diversités culinaires.
Les parcs paysagers viennent parfaire ce décor composé de bâtiments templiers d'origine. L'une des attractions les plus récentes de Sarona est le tout premier bar à whisky d'Israël, l'un des plus grands du monde, qui inclut un petit musée du whisky.

Ces soubresauts, qui ailleurs auraient secoué n'importe quel individu, paraissent être absorbés par la routine, devenant presque une note de bas de page dans le livre de nos vies. Pourtant, derrière cette pseudo-acceptation, il demeure un questionnement silencieux :

- *Sommes-nous vraiment "habitués" à la violence par une forme d'indifférence qui s'est installée insidieusement en nous ?*
- *Sommes-nous devenus experts dans l'art de masquer notre consternation sous le vernis de la normalité ?*
- *Ou est-ce une résilience nécessaire à notre survie.*

Il y a quelque chose de troublant dans cette accoutumance qui transforme l'extraordinaire en ordinaire. Les événements qui surgissent avec une intensité soudaine laissent dans leur sillage des questions sans réponse. Puis, étrangement, la vie reprend son cours, aussi rapidement, avec cette capacité à absorber, à tolérer, voire à oublier momentanément les vagues de violence qui agitent notre existence avec fatalité et avec toujours la même question ; à quand le prochain attentat !

La classe politique intérieure s'émeut, les commentaires répétitifs des uns réclamant plus de répression face à ceux demandant plus de tolérance se mêlent aux commentaires internationaux, le plus souvent enclins aux condamnations de circonstances.

Cette habitude, si l'on peut l'appeler ainsi, soulève des interrogations profondes sur la nature de notre résilience et les compromis que nous sommes prêts à faire pour maintenir un semblant de normalité dans un monde souvent déséquilibré. Mais il est important de comprendre pourquoi une partie du monde tourne systématiquement le dos au seul pays démocratique de la région, en proie à une survie permanente.

L'histoire d'Israël, forgée dans l'après-guerre et façonnée par la Shoah, est marquée par des défis monumentaux. Après la Seconde Guerre mondiale, le monde a été témoin de l'horreur indicible qui a laissé une cicatrice indélébile sur la conscience collective mondiale.

Les Juifs pensaient, à juste titre, que l'horreur de la Shoah, où les hommes et les cieux semblaient muets devant l'ampleur de la souffrance humaine, serait la garantie éternelle que plus jamais on ne toucherait un seul cheveu d'un Juif.

La création de l'État d'Israël en 1948 a été motivée par la nécessité de fournir un refuge sûr pour les survivants de l'Holocauste et d'établir enfin un foyer national juif.

Cependant, les circonstances entourant la création d'Israël ont suscité des réactions mitigées au sein de la communauté internationale. Des tensions ont émergé avec les populations arabes locales, qui, dès le départ, refusèrent tout compromis, générant des conflits territoriaux qui perdurent encore.

Il est également probable que pour certains, l'existence de ce nouveau pays posait déjà un problème face à leur mauvaise conscience accumulée, libérant petit à petit une parole décomplexée.

Les conflits qui ont marqué l'histoire d'Israël ont donné naissance à un piège médiatique complexe et profondément enraciné, que le pays n'a ni voulu voir, ni su analyser.

C'est un piège pernicieux qui contraint constamment le pays à se justifier. Les implications de ces conflits, tant sur le plan national qu'international, ont créé une toile complexe de perceptions et de narratifs souvent difficiles à démêler.

Israël se trouve pris dans un cercle vicieux de justification constante, cherchant à expliquer ses actions passées et présentes au monde.

Les médias, en tant que vecteurs d'opinions, ont contribué à forger une image fréquemment polémique et sujette à interprétations diverses. Souvent polarisés, ils jouent un rôle crucial dans la diffusion des informations, mais peuvent également contribuer à déformer la réalité, sans compter ceux ouvertement propagandistes.

Israël se trouve ainsi confronté à une bataille constante pour présenter sa perspective de manière équilibrée et nuancée, et place le pays dans une position délicate, où chaque décision est scrutée sous un éclairage intense.

L'enjeu va au-delà de la simple gestion de l'image médiatique ; il touche à la crédibilité et à la légitimité d'Israël sur la scène internationale. La nécessité perpétuelle de se justifier peut affecter la diplomatie et même la stabilité régionale.

Parfois, quelques réactions internationales, hâtives et infondées, emplies de critiques et virulentes, prennent la forme d'une distribution de "mauvais points" à la manière d'un professeur réprimandant ses élèves.

Certains dirigeants politiques ont adopté une position autoproclamée de "donneurs de leçons", émettant sans réserve des jugements sévères, sans pour autant prendre en compte la complexité des défis auxquels Israël est confronté.

- *Quel fondement légitime justifie leur prise de liberté à l'égard d'un pays souverain ?*
- *Qui confère à ces acteurs le droit d'outrepasser les frontières politiques et les droits inhérents à la souveraineté ?*
- *Est-ce par un mandat moral universel ou par une prétendue supériorité intellectuelle ?*

Au fil des ans, Israël a été la cible de critiques répétées, fréquemment teintées d'un ton autoritaire et moralisateur.

Dans l'ombre des coulisses gouvernementales dissimulées derrière un voile diplomatique, nul n'ignore les pressions exercées sur ce petit État.

Selon un échiquier complexe, les grandes et moyennes puissances, sous prétexte d'avoir contribué à sa création, exercent avec subtilité, dans un bras de fer incessant, leur influence pour façonner le destin de cette région. Cette incessante stigmatisation, cette tendance ciblée de manière disproportionnée, a contribué au gouvernement israélien à une méfiance souvent analysée comme de l'intransigeance et à une perception d'un Israël peu enclin à rechercher une solution pacifique.

Le droit à la critique est un pilier essentiel de la démocratie et du débat public, mais il doit être exercé de manière éclairée et équilibrée. Il ne doit pas être confondu avec une condamnation générale du peuple juif ou de sa légitimité à avoir un État.

Certains dirigeants, à la tête de pays émergents, en soutien aux ayatollahs iraniens, se laissent aller à des propos nauséabonds et en viennent à penser à la solution simpliste et dangereuse ; la disparition d'Israël, considéré comme le mal absolu.

Des narratifs biaisés, des images sélectives et des récits partiaux ont contribué à la perception déformée de la situation, exacerbant les tensions entre les différentes parties prenantes.

Il est crucial de reconnaître les souffrances des deux côtés du conflit et de rechercher des solutions qui tiennent compte des droits et des aspirations légitimes de chacun.

Les nombreuses guerres ont frappé sans discrimination, laissant dans son sillage des vies brisées et des destins anéantis.

Aucune famille, juive comme arabe, n'a été épargnée par ce fléau de la violence, car chaque foyer porte le fardeau des absents, le poids des pertes, des blessures et des chaises vides et les photographies témoignent de ceux qui ne sont plus.

Si la douleur unit ces familles, elle les définit par une différence fondamentale, comme des pôles opposés, entre ceux qui respirent le parfum de la vie, qui la respectent et qui voient en elle le cadeau sacré et précieux du battement du cœur, et ceux qui vénèrent la mort et qui trouvent dans sa froideur mystérieuse une fascination troublante et malsaine.

Voilà le défi de ces forces opposées. Choisir la vie et la lumière face au choix des ténèbres.

*

Cet été, nous avons vu arriver la famille au grand complet, Édith, Maxime, Claire et son fiancé Simon, ainsi que Sarah, Jonathan, Anna, Maurice et Benjamin.

Le Saison hôtel, choisi pour sa piscine et sa proximité à la plage, se situait à moins de trois cent mètres de notre appartement, ce qui offrait des possibilités de se voir sans trop de difficultés.

Par l'intermédiaire de son école et d'une organisation étudiante, Maurice a déposé sa demande d'inscription à l'université en prévision de passer les tests psychométriques indispensables à son admission. Nous le trouvons étonnant par son calme et par son assurance.

C'était une joie partagée que d'avoir réuni tout le monde pour la première fois, une expérience également inédite pour l'ensemble des cousins et cousines.

Le pays avait clairement conquis le cœur de Simon, et les petites plaisanteries sur une possible expatriation ne le rebutaient pas. Un jour, à la fin d'un repas, entre deux gorgées de café, il avait lancé de petites allusions taquines sur l'idée d'une éventuelle installation permanente dans le pays ; *"Imaginez vivre ici toute l'année, avec ce soleil et cette cuisine incroyable !"*
Le regard d'Édith, aussi sombre et menaçant qu'un orage sur le point d'éclater, avait rapidement mis fin à sa rêverie.

Décidément, ce pays a une force d'attraction hors du commun et ne laisse personne indifférent. L'allusion de Simon, même sous le signe d'une taquinerie, nous avait mis quelque peu mal à l'aise. Après la décision de Maurice d'entamer ses études ici, nous ne voulions pas, Cathy et moi, être la cause d'un quelconque chamboulement. Cathy, par son regard si doux, a immédiatement dissipé ma crainte.

Notre deuxième semaine fut encore plus relaxante. Nous avons pris la direction de la station balnéaire d'Éilat située au bord de la mer Rouge, dans la péninsule du désert du Néguev, face au golfe d'Akaba en Jordanie. Le bus, climatisé et confortable, avait, avant le lever du soleil, pris la direction du sud, traversant le vaste désert millénaire rappelant les récits bibliques de personnages illustres tels que Moïse, David et les rois de Juda.

Sous un ciel d'un bleu profond, les étendues arides s'étirent à perte de vue, ponctuées çà et là par des montagnes majestueuses aux couleurs rougeâtres sculptées par le temps. Au cœur de ce désert, le silence règne en maître, rompu par le murmure du vent qui caresse les touffes d'herbes résilientes.

Je comprends ceux qui recherchent ce calme solennel, loin de l'agitation au cœur de cette Terre Sainte. Mais au-delà de son héritage spirituel, le désert du Néguev est également un sanctuaire de biodiversité, abritant une flore et une faune adaptées à des conditions extrêmes qui trouvent un moyen de prospérer dans ce désert hostile. Les couleurs sont un spectacle en soi : des nuances de rouge, d'ocre et de jaune se mêlent harmonieusement, révélant les multiples facettes de cette terre austère et pourtant magnifique. Du bleu profond du ciel sans fin, au rouge intense des roches, en passant par les nuances changeantes du sable, chaque teinte raconte une histoire.

À mi-chemin, nous faisons une halte pour nous rafraichir et nous restaurer dans la ville de Mitzpé Ramon. Cet endroit est incroyable : petite bourgade en plein centre du désert, située au bord d'un site géologique, elle abrite de magnifiques hôtels de grands standings pour accueillir les amateurs de nature et de désert.

Nous entrons enfin dans la ville d'Éilat. Le contraste est saisissant, happé par une chaleur étouffante, presque irrespirable. La ville est moderne, cernée par d'innombrables et luxueux hôtels aux diverses architectures, et les plages sont réputées pour leurs eaux calmes, à l'instar du Dolphin Reef où il n'est pas rare d'observer des mammifères aquatiques. L'endroit est splendide pour pratiquer la plongée sous-marine en apnée dans la réserve naturelle de Coral Beach, sport que j'adore et dont j'ai trouvé en Benjamin le partenaire idéal. Ce petit nage comme un poisson et l'eau semble être son élément.

La semaine fut merveilleuse, et ce soir, le crépuscule doré sur la mer Rouge annonce la fin de notre séjour.
Demain, le chemin nous ramènera à Netanya.
L'excitation des premiers jours laisse place à une nostalgie douce-amère. Chacun se réjouit des souvenirs partagés, mais la perspective de se séparer ajoute une touche de tristesse à l'atmosphère. Afin d'alléger le moment, je prends l'initiative d'inviter tout le monde au restaurant de la plage.
Les derniers rayons de soleil caressent le sable, créant une atmosphère paisible et contemplative. Les conversations empreintes de nostalgie se mêlent aux échos des vagues, tandis que chacun réfléchit à ces moments précieux passés ensemble, avec la certitude que cette escapade restera gravée dans nos mémoires.

Dans l'émotion des adieux à l'aéroport Ben Gourion, larmes et étreintes se mêlèrent. Seul Maurice, conscient de son retour imminent dans moins d'un mois pour commencer son programme d'études, abordait la situation avec une sérénité bienveillante, et son sourire réconfortant contribuait à alléger l'ambiance chargée d'émotions.

*

Maurice.

Cela fait maintenant une décennie que nous sommes installés ici. Le temps a tracé son chemin, laissant derrière lui nos souvenirs. Aujourd'hui, le poids des années se fait pesant sur nos vieilles épaules qui portent le fardeau du temps qui passe. Nos limites imposées par nos âges et notre santé ont restreint nos capacités de mouvement.

Cathy, fidèle compagne de ma vie, se déplace désormais avec l'aide d'une canne. Ses jambes lui infligent à présent une douleur lancinante et ses pas sont devenus plus lents, mais sa détermination demeure : chaque pas est un défi, une victoire sur la douleur.

Maurice a brillamment réussi ses examens, démontrant ainsi son intelligence et sa détermination. Cependant, le destin lui réservait une voie inattendue. L'armée, lui reconnaissant des compétences exceptionnelles, lui a offert un poste dans les services opérationnels. Depuis, un mystère entoure sa vie militaire, et lui, d'ordinaire si ouvert, devient évasif dès que le sujet est évoqué, préférant changer de conversation.

Malgré cette part secrète, Maurice nous rend souvent visite et manifeste un profond respect envers nous. Son sourire illumine nos journées et sa gentillesse déborde. Chaque rencontre est l'occasion de partager des moments de complicité et de rires, mais le voile qui entoure sa vie militaire nous préoccupe et nous inquiète. Quand parfois la discussion s'approche du sujet, son regard devient sérieux, laissant transparaître une complexité d'émotions qu'il préfère garder pour lui. Nous pouvons sentir l'intensité de son engagement dans ce qu'il fait.

Notre vie quotidienne est généralement marquée par la tranquillité, à l'exception du Shabbat, particulièrement lorsque Maurice le passe en notre compagnie.

Dès qu'elle le voit, le visage de Cathy s'illumine et le Shabbat devient une véritable symphonie de bonheur qui la transcende.

Fatiguée et vieillie, Cathy se transforme. Les rides, témoins du passage des années, s'estompent devant l'excitation de sa venue, et la fatigue semble évaporée.

Lorsqu'il franchit le seuil de notre foyer, Cathy l'accueille avec un amour inconditionnel et son visage s'éclaire comme une étoile dans le ciel nocturne. Les câlins chaleureux et les rires partagés créent une atmosphère de magie.

Depuis six mois, Maurice s'invite avec sa fiancée Éden qu'il a connue dans l'armée dans des circonstances difficiles. Ils avaient mis du temps avant de nous relater leur rencontre.

Un matin, sur les ordres de son commandement, en compagnie d'autres soldats, il avait rejoint en urgence une unité basée à un carrefour de Jérusalem. Une attaque au bélier avait causé des blessures graves sur un soldat et deux civils israéliens.

C'est là qu'il rencontra Éden, sergent dans l'armée de Tsahal.

Comme si le destin reprenait la même route, Éden, née en Israël, est issue d'une même union entre Séfarade et Ashkénaze. Nous la trouvons extrêmement belle et attentionnée.

Son français est aussi rudimentaire que notre hébreu, mais avec une patience infinie, elle s'attelle à chaque mot pour se rapprocher de notre univers.

Tous les deux, ils nous rappellent notre jeunesse, un symbole vivant de l'amour qui unit nos deux cultures.

Les traditions, avec leurs rituels et leurs délices, deviennent des repères précieux pour notre petit-fils et sa jolie fiancée.
Cathy, avec sa patience infinie, lui transmet les valeurs intergénérationnelles d'amour et de respect.
Lorsque le Shabbat tire à sa fin et que les premières étoiles apparaissent dans le ciel, la joie qui émane de Cathy persiste.

Même fatiguée, elle puise son énergie dans l'amour partagé, créant de ce jour une beauté intemporelle.

Il est curieux de constater comment Maurice nous montre que la vie est pleine de surprises et que les chemins que nous empruntons ne sont pas toujours ceux que nous avions prévus.

Jamais, je n'aurais pu penser que la vie conduirait notre petit-fils à poursuivre ses études puis à devenir un soldat au sein de l'armée de Tsahal.
Cet itinéraire inattendu, cette trajectoire bien loin de nos prévisions initiales, témoigne de l'impact profond de notre décision sur le destin de notre famille. Ce parcours révèle une connexion inattendue avec la terre et l'histoire de cette nation qui a désormais une place significative dans la vie de notre bien-aimé petit-fils.

*

Chamboulement

Au début de l'année 2020, une ombre menaçante venait de Chine. Les médias occidentaux récoltaient depuis peu des informations alarmantes, tenues secrètes par le Parti communiste chinois, sur un virus très contagieux, appelé COVID-19, qui avait pris sa source dans la ville de Wuhan et qui se répandait telle une marée implacable à travers tout le pays.

L'inquiétude commençait à résonner à travers le monde. Les informations, souvent démenties par les autorités chinoises, faisaient état de milliers de morts. Des avis contradictoires de spécialistes commençaient à inquiéter la population mondiale. L'Organisation Mondiale de la Santé n'hésitait plus à parler de pandémie et déjà des rumeurs d'interdiction de circulation entre pays étaient envisagées.

Israël fut le premier pays à l'imposer.

Les informations provenant d'Asie avaient maintenant pris place dans nos vies quotidiennes, et, comme la plupart des francophones, nous étions attentifs à celles provenant de France.

Cathy et moi partagions les mêmes inquiétudes pour Sarah, qui, par sa profession, consulte beaucoup de patients au cours de la journée, et sur Raoul et Anna, ses parents âgés.
Heureusement, l'emménagement, quelques mois auparavant dans l'immeuble de leur fille Léa, était un cadeau inestimable. Cette proximité offrait un sentiment de sécurité et de réconfort.

Nos appels réguliers vers la France étaient devenus des bouées de sauvetage, des moments où nos voix s'entremêlaient pour briser la solitude et apaiser les craintes que la réalité nous imposait.

Chaque conversation était une affirmation silencieuse de notre besoin mutuel de soutien et de compréhension. Nous échangions des détails, des informations souvent contradictoires, et notre désir de rester connectés transcendait les incertitudes. Cathy partageait les dernières nouvelles, exprimant à travers la ligne téléphonique le filet invisible de réconfort et de prudence.

Les mois s'étiraient avec l'anxiété de nos avenirs, et nos conversations, bien qu'emplies d'inquiétude, étaient teintées d'anecdotes joyeuses pour contrebalancer le poids des nouvelles déconcertantes du présent. La pandémie avait transformé nos vies en un puzzle complexe où chaque pièce représentait une inquiétude ou un espoir.

Notre rituel matinal, tout comme les jours, démarrait par l'appel téléphonique à nos proches. Une journée où l'invisible ennemi s'est infiltré sans prévenir, changeant à jamais le cours de nos existences, et celui-là reflétait un caractère plus important.

Anna, la maman de Cathy, se plaignait depuis deux jours d'une légère gêne respiratoire accompagnée de douleurs musculaires, quant à Raoul, de maux de tête.

Cela était suffisant pour nous mettre en alerte.

Ce matin, je préparais le café quand Cathy, sortant de notre chambre, m'avait rejoint. L'absence de réponse de ses parents l'avait mise dans une grande inquiétude. À son expression, j'avais compris que cela n'allait pas.

Elle n'eut pas le temps de parler que le téléphone sonna. Devant l'absence de sa réaction, j'avais immédiatement décroché le combiné ; c'était Sarah.

-       Ah ! Papa, c'est toi, dans un sens, c'est mieux, car je ne sais pas comment j'allais annoncer la nouvelle à maman.

- Que se passe-t-il, chérie ?

- Dans la nuit, Papy Raoul nous a appelés, car Mamie n'arrivait plus à respirer. Nous avons immédiatement appelé les urgences qui ont pris la décision de les hospitaliser. Ils soupçonnent une infection de la COVID-19.

- Mais là, comment vont-ils ? Peut-on les appeler ?

- Avec beaucoup de mal Papa. Le personnel est saturé par le nombre de cas, j'ai pu obtenir un bout d'information par l'intermédiaire d'un confrère. Ils sont à l'hôpital Lariboisière au service des maladies infectieuses. Mamie a été mise en coma artificiel et Papy sous traitement.

Cathy était dévastée. L'annonce de leur infection avait jeté le voile sombre de la peur et de l'incertitude.

Les larmes ont coulé comme une pluie salée, reflétant la tristesse qui engloutissait son cœur. Elle avait reçu la nouvelle avec un mélange d'impuissance et de désespoir.

À des milliers de kilomètres de chez nous, ses parents luttaient vaillamment contre les assauts implacables de la COVID-19.

- Raymond, je vis une épreuve déchirante. Je suis ici, loin d'eux, impuissante à leur venir en aide. Je t'en supplie, aide-moi à trouver une solution ?

- Cathy chérie, calme-toi, je te comprends, mais je n'ai pas de solution.

- Mon D.ieu ! Sommes-nous punis d'être ici ?

- Tu sais bien que non, même si nous étions à Paris, nous n'aurions pas plus de chance de les voir.
  Même ici, le problème est identique : les autorités imposent un cloisonnement drastique.
  Cathy, il faut garder espoir : chaque jour devrait apporter de meilleures connaissances.

Les jours qui suivirent furent difficiles. Chaque appel téléphonique avec Sarah était un équilibre précaire entre espoir et crainte. Sarah, notre providentiel trait d'union, nous informait des dernières nouvelles et des derniers progrès récoltés par ses collègues médecins.

Cathy, à l'apparence déjà menue, avait encore perdu du poids, elle ne dormait plus beaucoup. Accros aux chaînes d'informations en continu, elle suivait les débats souvent contradictoires, cacophoniques et incertains sur l'origine du virus. Les spécialistes, engoncés dans leurs égos, s'affrontaient sur la manière de combattre l'épidémie. Puis, comme pour clôturer la séquence, l'évocation macabre et journalière du nombre de morts par pays la mettait en situation de grand stress. Seul, le professeur Cyrille Cohen, directeur du centre d'immunothérapie de l'université Bar-Ilan à Tel-Aviv, l'invité incontournable des médias mondiaux et particulièrement français, semblait avoir ses faveurs et ses espoirs.

-     Raymond, je suis sûre que si mes parents étaient là, le professeur Cohen les sauverait.

Face à elle, la personne la plus rationnelle, j'étais souvent à court de réponses, était perdue.

Les trois semaines passées ont été enveloppées d'une tension palpable, chaque minute étirant le temps comme un élastique prêt à rompre. Les nouvelles qui arrivaient régulièrement d'Édith et de Sarah faisaient osciller nos émotions entre l'espoir fragile et la crainte dévorante, laissant chacun de nous en proie à une anxiété incommensurable.
Enfin, la nouvelle d'une nette amélioration de leur santé nous parvenait. Un retour à la maison était programmé pour la fin de la semaine.

Claire.

En mai 2022, Claire accouchait d'un petit garçon. Ce coup de fil, nous l'attendions avec crainte, car elle avait passé ses trois derniers mois alitée. Une nouvelle génération émergeait, apportant avec elle le murmure de l'avenir.

- Papy, Mamie, je sais que vous êtes fatigués, mais je vous en prie, faites votre possible pour venir nous voir.

Dans sa voix, on ressentait les sanglots retenus. Elle avait conscience de notre état, de notre santé précaire, mais nous aussi ressentions le besoin viscéral de faire le voyage que nous pensions être le dernier.

L'idée d'une rencontre avec ce petit bout de vie portant notre héritage transcendait le simple partage de patronyme. Il devenait notre lueur d'espoir et de bonheur dans nos vies.

Et puis, il y avait l'envie ardente de retrouver la liberté de voyager après ces longs mois de restrictions imposées par la pandémie qui a laissé un vide dans nos vies, une absence palpable de connexions physiques avec toute notre famille.

- Bien sûr, ma chérie, nous allons venir, et à la grâce de D.ieu, personne ne nous en empêchera.

Nos gestes étaient plus lents que d'habitude et nos efforts parfois douloureux, mais nous étions prêts à affronter ce chemin incertain que la vieillesse nous imposait.

Chargés d'émotions mêlées et d'infimes précautions médicales, nous atterrissons enfin à l'aéroport Charles de Gaulle où une assistance médicale commandée par Maxime nous attendait. L'accueil chaleureux enveloppa notre cœur de bonheur, et une vague d'émotion déferla sur nous tous. Avaient-ils pour certains compris que ce serait probablement la dernière fois que nous mettrions les pieds à Paris ?

Les parents de Cathy, portant les marques du temps, se tiennent devant nous. Le frisson de l'émotion s'empare lorsque nous les prenons dans nos bras, ressentant la chaleur réconfortante de leur présence. Leurs mains ridées et sages, posées doucement sur les nôtres. Les revoir est une bénédiction dont nous nous réjouissons, un précieux cadeau.

Le jour de la circoncision, Simon, le père du nouveau-né, m'avait confié l'immense honneur de tenir le bébé.
Un sentiment d'honneur indicible s'était emparé de moi. Être choisi était à la fois une bénédiction et une responsabilité sacrée. La signification profonde de cet acte m'avait saisi, créant une émotion si puissante que mes larmes n'ont pu être contenues. Le respect que Simon plaçait en moi m'avait profondément touché.
Vêtu du châle de prière, tenant ce nouveau-né délicat entre mes bras, j'avais ressenti ce que jamais, je ne pensais ressentir. La solennité de l'instant, la symbolique de la circoncision et la conscience aiguë de la continuité de la vie m'avait étreint. L'amour et la confiance que Simon et Claire avaient placé en moi semblaient se manifester dans chaque geste tendre envers cet être fragile. La salle, chargée d'une atmosphère de spiritualité et de tradition, a été le témoin silencieux de cette scène poignante, où la joie et la solennité se mêlaient, symbolisant la continuité de la vie.

Ce moment où j'ai tenu le bébé pour la circoncision est devenu bien plus qu'un simple acte rituel. Mes yeux, embués de larmes, reflétaient la puissance de l'émotion ressentie surtout à la nomination du petit à qui l'on donnait mon nom.
Ainsi, ils créaient le lien profond tissé entre le présent et le futur.

*

Nos adieux furent déchirants, car dans nos cœurs, la cruelle incertitude planait, que pour certains d'entre nous, la perspective de retrouvailles futures s'évanouissait peu à peu.

Pour les parents de Cathy, les stigmates de la maladie étaient une pesante réalité quotidienne. Anna, en particulier, portait le fardeau de la souffrance : sa respiration dépendait désormais de la bouteille d'oxygène comme d'un fragile lien avec la vie.

Chaque étreinte, chaque regard échangé, devenait une étreinte d'adieu empreinte d'amour et de désir de réconfort. Cependant, même dans ces moments d'extrême fragilité, nous puisons la force de continuer, portés par l'espoir que le destin nous offrirait un jour la chance de nous revoir.

*

Anna.

En décembre 2022, Anna, notre tendre et belle petite fille, a décidé d'entamer un nouveau chapitre de sa vie en se mariant. Pleine d'amour envers nous, elle tenait absolument à notre présence pour partager ce moment précieux. Consciente de nos limites physiques, en accord avec son futur époux Charles, elle avait choisi de célébrer leur noce en Israël.

La cérémonie, organisée dans la magnifique toile de fond d'Israël, fut à la hauteur de l'amour d'Anna et de son époux. L'extraordinaire paysage fleuri de hauts palmiers, de bougainvilliers en fleurs, entourant des bassins aux jets d'eaux programmés, sublimait la scène de la cérémonie religieuse qui se tenait en plein air.
La famille au complet était réunie autour des nouveaux mariés, leurs sourires illuminant chaque coin de l'espace.

Cathy se tenait là, entourée de ceux qu'elle aimait, mais son esprit était ailleurs, voguant vers ceux qui étaient absents. Ses yeux, embrumés par des larmes retenues, cherchaient désespérément un visage qui ne serait jamais là. Ses parents, incapables d'entreprendre un tel voyage, étaient absents de ce jour si important.

Le mari d'Anna, dont la gentillesse envers elle a été soulignée par tous ses regards attentifs, a insufflé une énergie à cette union. Chaque regard, chaque geste dégageait un amour profond et une compréhension mutuelle, ravivant en nous des souvenirs de jeunesse et d'espoir.

Leurs vœux échangés résonnaient avec une sincérité émouvante, témoignant de la force de leur lien et de la construction d'un avenir prometteur.

Cathy me chuchota doucement à l'oreille, comme si elle partageait un secret précieux ;

- "Tu vois, mon chéri, ils ont choisi Israël pour se marier. Et je pense que ce choix n'est pas seulement dû au fait que nous ne pouvions plus nous déplacer."

  Je crois que pour eux, Israël représente bien plus qu'un simple décor de mariage. C'est un symbole, une promesse d'union dans un lieu chargé d'histoire et de significations profondes.

  Cela devrait te rassurer sur tous les doutes que tu gardes en toi ?

Dans cet échange discret, j'ai saisi l'essence même de leur choix de ce lieu, ici en Israël. Il était bien plus qu'une simple décision, mais plutôt un engagement profond, nourri par la révérence envers le passé et les promesses d'un futur éclatant.
Ce choix transformait leur union en un chapitre gravé dans l'histoire de ce pays.

*

Benjamin.

Une autre surprise de taille nous est parvenue, venant s'ajouter à la liste déjà longue des aventures de Benjamin, ce jeune homme à l'esprit entreprenant.

Après avoir passé six mois de stage au Japon au cœur d'une entreprise spécialisée dans les composants électroniques, il annonce avoir été reçu pour son stage de fin d'année dans une entreprise américaine, dont l'une des filiales est basée à Ra'ananna : il allait s'installer en Israël pour une année entière.

Nous connaissons bien Benjamin, et nous savons que cette démarche n'est pas le fruit du hasard, mais plutôt le résultat d'une longue réflexion mûrie dans le secret de son esprit libre, avec, nous en sommes sûrs, son frère Maurice comme catalyseur.

Petit à petit, tel un puzzle, notre involontaire rêve prend forme à travers nos précieux petits-enfants. Chacun à leur manière. Après Maurice, dont l'intégration totale sur cette terre d'Israël a été une source de fierté et d'inspiration, après le choix courageux d'Anna de sceller son destin sur cette même terre sacrée, voilà que le dernier-né de cette fratrie a choisi Israël pour la fin de ses études supérieures.

Cette nouvelle nous remplit d'une émotion indescriptible. Cependant, malgré cette intense joie, une lueur de tristesse s'immisce dans nos cœurs. La séparation de leurs parents, Sarah et Jonathan, nous rappelle avec amertume la distance qui a éloigné nos familles.
Malgré les inquiétudes et les appréhensions de ses parents, Benjamin était déterminé à saisir cette chance qui s'offrait à lui.

*

Ce soir, j'ignore pourquoi je ressens comme une angoisse au fond de moi et je m'interroge, perplexe, sur la raison de cette palpitation d'inquiétude qui résonne au fond de moi.

Le crépuscule enveloppe le monde extérieur d'une douce obscurité, tandis que la douce lumière de la lampe de chevet de notre chambre éclaire le visage reposé de ma bien-aimée. Pourtant, en moi, persiste cette lueur d'inconfort. Est-ce le souffle du temps, ce témoin silencieux de nos joies et de nos peines, qui me rappelle que le moment du bilan est venu ?

Les souvenirs du passé se font entendre dans les coins de ma mémoire qui rappellent les décisions prises, les rêves faits, et quelques fois les rêves perdus. Peut-être que cette angoisse est le reflet d'un besoin de pause, d'un instant suspendu où le cœur s'interroge sur le chemin parcouru et sur celui qui reste à explorer.

Le temps, ce compagnon fidèle, laisse des empreintes indélébiles sur notre existence. Ce soir, face à l'horloge invisible qui bat au rythme de mes pensées, je ressens le besoin de faire le point, de contempler le paysage de mon existence avec une certaine gravité.

Le bilan, loin d'être une sentence, devient un instant précieux où se mêlent les regrets et les triomphes, les rires et les larmes.

Alors, ce soir, je m'ouvre à cette angoisse, je choisis de m'abandonner et de l'accueillir comme un guide vers la vérité intime de mon être, avec la sérénité d'un voyageur qui se penche sur la carte de sa propre existence.

Cathy est alitée depuis quelques jours et son état de santé m'inquiète.

Édith et Sarah nous appellent souvent, et nos mensonges arrivent à les tranquilliser.

Nos cheveux blancs, témoins de notre parcours, se raréfient, et nos démarches deviennent incertaines. D'un coup, je ressens le poids de nos âges sur nos épaules. Je suis assis sur le fauteuil relaxant que je lui avais acheté pour alléger ses douleurs lombaires, et je regarde tendrement ma douce aimée.

À l'aube de cette étape où les horloges semblent battre à un rythme plus lent, je remonte le fil du temps et me plonge dans le passé de mon destin qui m'a conduit à rencontrer la plus belle et la plus extraordinaire des femmes : Cathy, celle qui a façonné notre merveilleuse famille construite sur des passés incertains, mais unis par des liens indéfectibles.

Cathy est entrée dans ma vie comme un rayon de soleil, illuminant chaque recoin de mon existence de sa lumière chaleureuse et de sa bienveillance infinie.
Elle est la femme la plus belle et la plus extraordinaire que le destin a placée sur ma route. Depuis ce jour-là, ma vie a pris une toute nouvelle dimension, emplie de bonheur. Avec sa grâce infinie, elle est devenue la pierre angulaire de notre foyer.

Je contemple notre parcours, avec un cœur pour elle, plein d'admiration. Les premiers chapitres de notre histoire se sont écrits avec émerveillement et par l'amour inconditionnel qui a résisté aux épreuves du temps. Les années ont défilé, dessinant des lignes sur nos visages, mais aussi des souvenirs et des expériences partagées, tout ce qui a fait notre existence.
Chaque jour passé à ses côtés est un cadeau précieux, une bénédiction que je chéris au plus profond de mon être, un trésor d'amour, fidèle et inébranlable.

Au fil des ans, nos enfants et petits-enfants ont grandi. Ils sont notre plus grande fierté, le reflet de notre vie empreinte de valeurs humaines et de solidarité. À travers eux, notre héritage perdure, s'épanouissant dans le terreau fertile de l'amour familial.

Je suis ému en pensant au chapitre maintenant court qui nous reste à écrire. Je sais, avec une certitude absolue, que je ne pourrais pas vivre sans elle. Elle est ma canne de vieillesse, mon âme sœur. Ensemble, nous avons défié le temps et les épreuves de la vie sans l'ombre d'un nuage.
Je suis empli de reconnaissance pour le temps passé à ses côtés, et pour l'amour infini qui nous unit.

Instinctivement, sans trop comprendre pourquoi, pris d'un besoin soudain, j'ai appelé Édith, qui, surprise par l'heure tardive, s'est inquiétée.

- Papa, pourquoi m'appelles-tu si tard, il est arrivé quelque chose ?

- Non, chérie, ne t'inquiète pas, j'avais besoin de t'entendre et de te parler.

- Mais, Papa, tu m'inquiètes davantage, ça ne pouvait pas attendre demain ?

- Tu as raison, ma fille, je t'appellerai demain.

- Non papa, ne raccroche pas, dis-moi ce qui te tracasse ? Je vois bien que tu n'es pas comme d'habitude, Maman est à tes côtés ?

- Non, ma fille, elle dort.

- Elle n'est pas malade au moins ? Papa chéri, je suis angoissée, je sens bien à ta voix que ça ne va pas fort.

- Je suis désolé, ma fille, je n'aurais pas dû te déranger.

- Non, en fait, tu tombes bien, nous sommes avec Sarah et Jonathan, nous fêtons l'obtention de notre crédit immobilier. Voilà, je mets le haut-parleur, tout le monde t'écoute.

- Bonsoir Sarah, bonsoir les garçons, je vous embrasse tous ! Mazel-tov ma chérie, c'est un extraordinaire cadeau en pleine fête de Simha-Torah *, Maman va se réjouir de cette nouvelle !

- Merci Papa, allez, dis-nous ce qui te tracasse ?

- Oh, rien de bien important, j'ai simplement ressenti un besoin de parler. Mais je suis désolé, je ne me suis pas rendu compte de l'heure tardive. Je pense qu'il est préférable que j'appelle à un autre moment.

- Papa, c'est Sarah à l'appareil, si tu voulais nous inquiéter, c'est réussi. Je t'en prie, parle-nous. Maman va bien ?

- Oui, ne vous inquiétez pas, ce n'est que de la fatigue.
  Bon comme je sais que vous ne me lâcherez pas comme ça, d'accord, je vais vous parler.

  Alors, je vous demande de m'écouter sans m'interrompre et sans nous juger, votre mère et moi. Ce que j'ai à dire est enfin la réponse à votre question si souvent posée.
  Je veux que tu saches, enfin, que vous sachiez toutes les deux, que notre départ n'était pas une façon de nous éloigner de vous. En aucun cas, nous n'avions pour ambition de nous retirer au soleil pour y couler des jours paisibles, loin de vous, comme d'ailleurs vous nous l'aviez souvent suggéré après des années de durs labeurs. Cette séparation, loin d'avoir été facile pour vous, a été une épreuve pour nous. Elle nous a fréquemment fait douter, et parfois fait souffrir.

(Simha-Torah ; fête de la Torah)

Il y a des moments dans la vie où l'on fait face à des tournants inattendus, des instants qui bouleversent tout ce que l'on croyait immuable. Pour moi, ce moment est survenu une nuit en France, une nuit qui a changé ma vie, ou plutôt nos vies à jamais.

Ce soir-là, j'ai été victime d'une violente agression physique et verbale, une épreuve douloureuse qui aurait pu très mal finir.

Cet incident a éveillé en moi une peur profonde, une peur viscérale pour ma vie, mais surtout une peur pour votre avenir.

Les souvenirs de cette agression me hantent toujours et j'aurais pu affronter cette menace, mais je n'avais aucune garantie qu'un jour, mon agresseur, qui s'était juré de s'en prendre à notre famille, ne me retrouve et qu'il vous fasse du mal. L'urgence était de vous protéger.

J'ai gardé en moi cette douleur, ne voulant effrayer personne, mais votre maman, sans aucun doute, avait compris ce qui m'était arrivé.

Je me souviens des moments où, seul, assis dans l'obscurité des semaines durant, je dessinais les contours de cette décision en pensant naïvement que je pourrais vous ouvrir un chemin de vie vers un endroit où la peur ne dicterait pas nos actions, où nous pourrions respirer librement.

C'était une décision difficile, mais nous l'avons prise dans l'espoir de vous faciliter un éventuel projet d'intégration, si jamais la situation l'exigeait. Nous avons pesé les pour et les contre, conscients des défis et des incertitudes qui pourraient se présenter et de vous offrir les meilleures opportunités.

C'est avec cette conviction que nous avons pris cette décision, dans l'intérêt de votre avenir et de votre bien-être pour un futur serein.

Nous savions que ce choix était lourd de conséquences, qu'il nous arracherait à tout ce que nous connaissons et aimons, mais Israël est apparu comme une promesse, un nouvel espoir où nous pourrions tous grandir sans la menace constante de la peur.

Cette nuit en France a été un tournant, une épreuve douloureuse, mais elle a aussi été le début d'un nouveau chapitre. Cette expérience nous a permis de redécouvrir nos racines, de renouer avec notre histoire, et surtout, de renforcer les liens qui nous unissent en tant que famille.

Aujourd'hui, avec le recul, nous réalisons que cette décision, aussi douloureuse qu'elle ait pu être, a été une bénédiction déguisée. En quittant ce que nous connaissions, en faisant ce saut dans l'inconnu, nous avons retrouvé une part de notre identité que nous avions perdue de vue et une connexion profonde avec la terre de nos aïeux.

Curieusement, cela nous a rapprochés de vous d'une manière plus spirituelle et plus profonde. En fait, cela nous a rendus plus conscients de l'importance de notre héritage et de la force de nos liens familiaux.

On ne vous cache pas qu'à certains moments, nous avons éprouvé le besoin de retourner auprès de vous. Cependant, à chaque séjour en France, un sentiment de nostalgie envers Israël s'emparait de nous, repoussant ainsi cette décision à plus tard. Avec le temps, nous avons appris à aimer différemment ce pays malgré les conflits qui le secouent.

Alors, s'il vous plaît, ne nous en voulez pas. Nous avons fait ce choix avec l'espoir de construire quelque chose de plus grand pour nous tous. Chaque décision, chaque pas que nous avons fait, l'a été en pensant à vous. Nous vous aimons profondément, car vous êtes dans nos cœurs et dans nos esprits.

Aujourd'hui, ici, Maurice a trouvé son bonheur, et va bientôt, avec la grâce de D.ieu, fonder une famille.

Benjamin, et nous sommes certain, marchera sur les traces de son frère. Ce sont là les premiers fruits de notre arbre.

Voilà, mes chéries, la raison de notre venue en Israël.

Le silence s'était fait sentir, mais presque imperceptiblement, j'entendais une des filles pleurer.

Mon D.ieu, qu'ai-je fait ? Je regrette déjà de les avoir appelées. Très vite, je change de conversation.

- Alors les enfants, demain samedi, c'est Simha-Torah. Je pense que vous allez fêter la Torah comme il se doit !

  Nous serons le 7 octobre 2023*, ce sera la fête dans tout le pays !

***

(7 octobre 2023, jour de fête choisi par des terroristes du Hamas qui ont perpétré dans des villes proches de Gaza, l'un des plus terribles massacre du siècle après la Shoah).

L'ALYAH Le chemin de l'exil